# essentials

*essentials* liefern aktuelles Wissen in konzentrierter Form. Die Essenz dessen, worauf es als „State-of-the-Art" in der gegenwärtigen Fachdiskussion oder in der Praxis ankommt. *essentials* informieren schnell, unkompliziert und verständlich

- als Einführung in ein aktuelles Thema aus Ihrem Fachgebiet
- als Einstieg in ein für Sie noch unbekanntes Themenfeld
- als Einblick, um zum Thema mitreden zu können

Die Bücher in elektronischer und gedruckter Form bringen das Fachwissen von Springerautor*innen kompakt zur Darstellung. Sie sind besonders für die Nutzung als eBook auf Tablet-PCs, eBook-Readern und Smartphones geeignet. *essentials* sind Wissensbausteine aus den Wirtschafts-, Sozial- und Geisteswissenschaften, aus Technik und Naturwissenschaften sowie aus Medizin, Psychologie und Gesundheitsberufen. Von renommierten Autor*innen aller Springer-Verlagsmarken.

Eva-Maria Schön · Philipp Diebold ·
Michael Neumann

# Der Umgang mit Agilität in der Unternehmenskultur

Herausforderungen und
Lösungsansätze

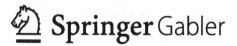
Springer Gabler

Eva-Maria Schön
Hochschule Emden/Leer
Emden, Deutschland

Philipp Diebold
Bagilstein GmbH
Mainz, Deutschland

Michael Neumann
Hochschule Hannover
Hannover, Deutschland

ISSN 2197-6708                    ISSN 2197-6716  (electronic)
essentials
ISBN 978-3-662-67890-9          ISBN 978-3-662-67891-6  (eBook)
https://doi.org/10.1007/978-3-662-67891-6

Die Deutsche Nationalbibliothek verzeichnet diese Publikation in der Deutschen Nationalbibliografie; detaillierte bibliografische Daten sind im Internet über http://dnb.d-nb.de abrufbar.

Planung/Lektorat: Mareike Teichmann
Springer Gabler ist ein Imprint der eingetragenen Gesellschaft Springer-Verlag GmbH, DE und ist ein Teil von Springer Nature.
Die Anschrift der Gesellschaft ist: Heidelberger Platz 3, 14197 Berlin, Germany

# Was Sie in diesem *essential* finden können

- Wir analysieren die Probleme die beim Zusammenspiel von Agilität und Unternehmenskultur entstehen und geben Tipps für die Praxis
- *Fehler- & Lernkultur:* Umgang mit Fehlern, Experimenten und kontinuierlichem Lernen
- *Experimente:* Überwindung der Angst vor Experimenten und Veränderungen
- *Vertrauen:* Aufbau einer Vertrauenskultur für selbstorganisiertes Arbeiten
- *Führungs- und Entscheidungskultur:* Anpassung der Führungs- und Entscheidungspraktiken an agile Arbeitsweisen

# Danksagung

An dieser Stelle möchten wir allen Menschen danken, die uns bei der Erstellung dieses *essentials* unterstützt haben. Ein besonderer Dank geht an:

- Andreas Hinderks, Jörg Thomaschewski, Jutta Schnabel, Maria Rauschenberger und Thorben Kuchel für Euer wertvolles Feedback
- Jan Pries, für die inspirierenden Gespräche mit Dir
- Indra Burkart, für Deine innovativen Grafiken
- Carsten Elvers, Dominique Winter, Henning Fritzemeier, Johanna Hinz und Ulf Schubert für die erhellenden Interviews mit Euch

# Inhaltsverzeichnis

# Einleitung 1

Viele Unternehmen setzen agile Vorgehensmodelle und Praktiken bereits in unterschiedlichen Bereichen ein. Längst wird diese agile Arbeitsweise nicht mehr nur von IT-nahen Teams angewandt. Auch Menschen aus Bereichen wie Human Resources (HR), Finanzen, Marketing und Vertrieb sind begeistert vom selbstorganisierten Arbeiten auf Augenhöhe.

Agile Arbeitsweisen werden häufig eingesetzt, um komplexe Probleme zu lösen, bei denen eine schnelle Reaktion auf Veränderungen notwendig ist. Mit dem iterativen und schrittweisen Ansatz wird unter anderem versucht, eine schnelle Reaktionsfähigkeit bei sich ändernden Anforderungen und Rahmenbedingungen zu ermöglichen. Das Vertrauen in die eigene Arbeitsleistung steigt durch die intensive Einbindung aller Stakeholder unterstützt durch regelmäßiges Feedback. Agile Arbeitsweisen setzen zudem einen hohen Fokus auf die teaminterne Kommunikation. Hierdurch werden die Synchronisation und der Wissenstransfer der Team-Mitglieder gewährleistet sowie ein gemeinsames Verständnis von den sich ändernden Rahmenbedingungen erarbeitet. Eine weitere Charakteristik agiler Arbeitsweisen ist der Drang nach stetiger Optimierung (Kaizen). Durch agile Praktiken, unter anderem Retrospektiven, hinterfragen die Teams regelmäßig ihre Arbeitsweisen und Werte mit dem Ziel, Maßnahmen zur Verbesserung der eigenen Arbeit zu identifizieren.

Die Arbeitswelt verändert sich immer schneller, sodass sich zwangsweise auch die Arbeitsweisen anpassen müssen. Remote-Arbeit oder das Arbeiten in kleinen Teams halten Einzug in nahezu allen Unternehmen. Aktuelle Studien zeigen, dass dadurch die Einführung agiler Arbeitsweisen einen signifikanten Aufschwung erhalten haben (VersionOne und Collabnet 2023). Diese Studien

E.-M. Schön et al., *Der Umgang mit Agilität in der Unternehmenskultur*, essentials, https://doi.org/10.1007/978-3-662-67891-6_1

zeigen aber auch, dass Barrieren hinsichtlich der Einführung agiler Arbeitsweisen existieren. Die häufigsten Gründe dafür liegen in dem Aufeinandertreffen unterschiedlicher Kulturen, in uneinheitlichen Prozessen und Praktiken sowie in allgemeinen organisatorischen Widerständen gegen Veränderungen.

Die Probleme mit Agilität und Kultur haben unterschiedliche Facetten und ziehen sich sowohl durch alle fachlichen Bereiche eines Unternehmens (z. B. Marketing, HR, Entwicklung, Support) als auch über alle Ebenen (Organisation, Team und Individuum). Hinzu kommt, dass Veränderungen für viele Menschen grundsätzlich als herausfordernd wahrgenommen werden. Dies gilt ebenfalls für die täglichen Arbeitsabläufe, insbesondere dann, wenn eine grundlegende Veränderung vorliegt, zu denen auch die Einführung agiler Arbeitsweisen zählt. Insbesondere in Arbeitsumfeldern, in denen klare Vorgaben, Hierarchiestrukturen und prozessuale Fokussierung über Jahrzehnte vorgeherrscht haben, kann dies schnell zu einer Überforderung der Mitarbeitenden führen. Eine agile Transformation verändert nicht nur die eigenen spezifischen Arbeitsweisen. Die Anforderungen an die Teammitglieder erweitern sich durch den starken Fokus auf Kollaboration und Interaktion.

In der Literatur findet sich bisher wenig zum Thema Agilität und Kultur. Daher haben wir eine Studie durchgeführt, die die größten Herausforderungen der agilen Kultur ermittelt (Kuchel et al. 2023). Aufbauend auf unseren Ergebnissen wollen wir nun in diesem *essential* die vier gängigsten Probleme, die sich mit der agilen Kultur ergeben, beleuchten (vgl. Abb. 1.1). Als Grundlage für dieses *essential* haben wir zudem Interviews mit Expert:innen aus der Praxis geführt, um tiefergehende Einblicke in die Ausprägung der Probleme mit der agilen Kultur zu erhalten.

Das *essential* ist wie folgt strukturiert:

- Zunächst beschreiben wir die zu Grunde liegende Theorie der Agilität und Kultur, bevor wir auf Problemstellungen und Herausforderungen des Zusammenspiels der beiden Themen eingehen.
- Darauf aufbauend thematisieren wir die vier identifizierten Probleme der agilen Kultur: Fehler- & Lernkultur, Angst vor Experimenten, fehlendes Vertrauen gegenüber den Menschen der Organisation sowie zuletzt die Führungs- & Entscheidungskultur (vgl. Abb. 1.1).
- Für jedes Problem präsentieren wir einleitend die konkrete Problemstellung, darauffolgend erklären wir wie sich das jeweilige Problem in der Praxis zeigt und geben zu guter Letzt Tipps für die Praxis, mit denen Du das Problem lösen kannst.

**Abb. 1.1** Probleme mit der agilen Kultur. (Eigene Darstellung)

- Bei der Beschreibung des Problems sowie den Tipps für die Praxis adressieren wir die Ebenen: Organisation, Team und Individuum.
- Das *essential* schließt mit einer Zusammenfassung, in der wir unsere Erkenntnisse noch einmal übersichtlich aufzeigen.

# Grundlagen zum Zusammenspiel von Agilität und Kultur

**2**

Wir haben häufiger beobachtet, dass Fachbegriffe in der Praxis synonym verwendet werden, was zu Konflikten führen kann. Daher geben wir in diesem Kapitel einen kurzen Überblick zu theoretischen Grundlagen und erläutern einige Definition. Diese Zusammenfassung der theoretischen Grundlagen soll dabei helfen, ein gemeinsames Verständnis für die praktischen Probleme zu entwickeln, die in den darauffolgenden Kapiteln diskutiert werden. Wenn Du Dich schon länger mit Agilität beschäftigst, kannst Du dieses Kapitel überspringen und bei Bedarf als Nachschlagewerk nutzen.

## 2.1 Agilität, Agile Werte und Agile Organisation

*Agilität* wird als Fähigkeit verstanden, in dynamischen Marktumfeldern auf sich ändernde Gegebenheiten und daraus resultierende Konsequenzen reagieren zu können (Abrahamsson et al. 2002). Seit dem Aufkommen Mitte der 1990er Jahre in der Softwareentwicklung und insbesondere durch die Veröffentlichung des agilen Manifests (Beck et al. 2001) im Jahr 2001 haben sich agile Methoden wie Scrum oder Kanban weltweit verbreitet. Agile Methoden bieten auf Basis der zu Grunde liegenden Regelwerke eine Struktur, um sich neuen Gegebenheiten, wie z. B. veränderten Anforderungen, anzupassen.

Agiles Arbeiten ist werteorientiert. Die Werte und Prinzipien unterstützen die Menschen bei der Anwendung agiler Arbeitsweisen und spiegeln eine Haltung wider (Sidky et al. 2007). Als Basis für die werteorientierte, agile Arbeitsweise dient das agile Manifest. Das agile Manifest definiert vier Wertepaare und 12 Prinzipien (Beck et al. 2001). Weiterhin werden in den Regelwerken agiler

E.-M. Schön et al., *Der Umgang mit Agilität in der Unternehmenskultur*, essentials, https://doi.org/10.1007/978-3-662-67891-6_2

Methoden zusätzliche Werte genannt (z. B. (Beck 2000; Schwaber und Sutherland 2020), die für den erfolgreichen Einsatz in der Praxis notwendig sind. Das folgende Beispiel fasst einige agile Werte und Prinzipien zusammen:

---

**Beispiel für Agile Werte und Prinzipien**

Agile Werte stellen den Menschen und die menschlichen Bedürfnisse nach Anerkennung und Sicherheit in den Mittelpunkt. Folgende Werte spielen eine wichtige Rolle:

- Interaktion und Kommunikation zwischen Mitarbeitenden, Stakeholdern, Kund:innen und Nutzer:innen
- Arbeiten auf Augenhöhe und ein respektvoller Umgang
- Weiterentwicklung von Menschen
- Experimentieren und Lernen sowie die schnelle Reaktion auf Feedback
- Selbstorganisation und die Übernahme von Verantwortung◄

---

Im Zentrum agiler Arbeitsweisen stehen Werte und Prinzipien, die Interaktion und Zusammenarbeit fokussieren. Also die sozialen Aspekte, die sich auf den Menschen beziehen. Die Anwendung dieser Werte findet sich beim Einsatz agiler Methoden, z. B. bei der Durchführung konkreter Praktiken wieder. Zur Veranschaulichung geben wir ein kurzes Beispiel: Das Daily Stand-Up Meeting, wie es bei Scrum oder Kanban eingesetzt wird, hat die Synchronisation innerhalb des Teams zum Ziel. Hierfür beantworten die einzelnen Team-Mitglieder Fragen zum aktuellen Arbeitsstand, ihren Arbeitsplänen und ob es Hindernisse für ihre aktuellen Tätigkeiten gibt. Für die erfolgreiche Durchführung der Praktik Daily Stand-Up Meeting ist die Anwendung der zu Grunde liegenden agilen Werte von hoher Wichtigkeit. Sollten Werte und Prinzipien nicht gelebt werden, kann ein Daily Stand-Up Meeting schnell zu einem Status-Meeting für den Scrum Master werden. Dies würde dem Ziel der Synchronisation im Team widersprechen und so die Sinnhaftigkeit des Daily Stand-Up Meetings ad absurdum führen.

Durch die zunehmende Verbreitung agiler Arbeitsweisen ist eine verstärkte Anpassung einzelner Methoden in der Praxis zu beobachten (Diebold 2022,Neumann 2021). Die Anpassung von agilen Methoden auf die jeweiligen organisatorischen Gegebenheiten führt zwangsläufig zu einer höheren Anzahl agiler Praktiken. In Sidky's (Sidky et al. 2007) agilem Trichter ist diese Konsequenz überschaubar und eindringlich dargelegt. Die oben beschriebene werteorientierte Grundlage in Form von Werten und Prinzipien ist klar definiert. Für die darauf aufbauenden agilen Methoden und Praktiken ergeben sich jedoch zahllose

Möglichkeiten, was Sidky letztendlich dazu veranlasst, von einer beliebig großen Anzahl agiler Praktiken auszugehen. Die große Vielfalt agiler Methoden, Praktiken, Artefakte und Rollen und das Potenzial zur synonymhaften Verwendung dieser Fachbegriffe macht einen Überblick notwendig. Im Folgenden werden wir daher die Begriffe *Agile Methode*, *Agile Praktik* und *Agile Organisation* definieren und mithilfe von Beispielen erklären.

Um zu verstehen, wo agile Methoden systematisch verortet werden, ist aus unserer Sicht eine Einordnung im ursprünglichen Fachgebiet der Wirtschafts-/Informatik sinnvoll. Agile Methoden können der Domäne des Software-Engineerings zugeordnet werden. Im Software-Engineering werden Entwicklungsprozesse üblicherweise durch Vorgehensmodelle systematisch beschrieben. Die Bestandteile von Vorgehensmodellen beantworten nach Broy und Kuhrmann fünf W-Fragen (Broy und Kuhrmann 2013):

- Prozessmodell (Wann?)
- Rollenmodell (Wer?)
- Aktivitätsmodell (Wie?)
- Produktmodell (Was?)
- Methoden, Werkzeuge oder auch Standards (Womit?)

Es gibt einige agile Methoden, die diese Bestandteile vollumfänglich aufweisen, also alle fünf W-Fragen beantworten. Hier ist neben Scrum auch Extreme Programming (XP) zu nennen. Im Scrum Guide (Schwaber und Sutherland 2020), werden z. B. konkrete Rollen definiert, ein iteratives Prozessmodell beschrieben und auch konkrete Aktivitäten dargelegt. Allerdings werden nicht für alle agilen Methoden die fünf W-Fragen in den jeweiligen Regelwerken beantwortet. Als Beispiel sei an dieser Stelle Kanban genannt. Für Kanban wird zwar ein Aktivitätsmodell, Werkzeuge, Artefakte und auch ein Prozessmodell dargelegt, allerdings auf ein Rollenmodell verzichtet. Wir definieren daher *agile Methode* wie folgt:

▶ **Definition**  Eine *agile Methode* wird durch ein Regelwerk beschrieben. Das Regelwerk beschreibt technische Aspekte wie ein prozessuales Vorgehen, Rollen oder Praktiken. Zudem werden kulturelle Aspekte definiert, was z. B. durch spezifische Wertedefinitionen erfolgen kann.

Beispiele: Scrum, Kanban, DevOps, oder Scaled Agile Framework (SAFe).

Wie oben beschrieben, ist in der Praxis eine hohe Vielfalt agiler Methoden und agiler Praktiken zu beobachten. In den Regelwerken agiler Methoden ist beschrieben, welche Rollen und Artefakte verwendet werden. Somit gibt es in der Praxis wenig Möglichkeiten zur Anpassung der empfohlenen Kombinationen. Anders ist die Situation bei agilen Praktiken. Agile Praktiken können Bestandteile agiler Methoden sein und ermöglichen die praktische Umsetzung der Methode. Wir definieren *agile Praktik* wie folgt:

▶ **Definition** Eine *agile Praktik* beschreibt ein Vorgehen oder eine Methodik, die zur Durchführung eines Prozesses verwendet wird und mit der konkrete Ergebnisse erzielt werden. Agile Praktiken können Bestandteile agiler Methoden sein, aber auch eigenständig genutzt werden.

Beispiele: Daily Stand-Up Meeting, Retrospektive, Kanban-Board, oder User Story Mapping.

Ein gutes Beispiel hierfür ist das Daily Stand-Up Meeting, welches die tägliche Synchronisation zwischen den Team-Mitgliedern sicherstellen soll. Diese Praktik wird für verschiedene agile Methoden unterschiedlich benannt (z. B. Daily Scrum in Scrum). Wenngleich es in seiner Zielsetzung zumindest ähnlich spezifiziert wird, kann sich die Durchführung signifikant unterscheiden. Im Scrum Guide (Schwaber und Sutherland 2020) wird zum Beispiel ein klarer Ablauf des Daily Scrum beschrieben, was bei anderen agilen Vorgehensmodellen und Methoden nicht der Fall ist.

Artefakte sind in agilen Methoden von hoher Bedeutung, da sie Arbeitsergebnisse repräsentieren. Artefakte können dabei unterschiedliche Charakteristiken aufweisen. Wir nutzen den Begriff für konkreten Output eines agilen Teams, wie beispielsweise eine User Story oder auch ein Feature eines Softwareproduktes. Ebenso können Artefakte für die Planung der Arbeit eines Teams genutzt werden, z. B. in Form eines Product- oder Sprint-Backlogs.

In den Regelwerken bekannter und weit verbreiteter agiler Methoden wie Scrum (Schwaber und Sutherland 2020) werden zudem Rollen spezifiziert. Rollen beschreiben Verantwortlichkeiten und Aufgaben. In Gänze betrachtet stellen diese Rollen ein (Team-)Gefüge dar. Beispielsweise setzt sich ein Scrum Team aus den Rollen Scrum Master, Product Owner und Entwickler:innen zusammen.

Zusammengefasst können wir an dieser Stelle festhalten, dass die theoretischen Grundlagen agiler Methoden recht umfangreich sein können. Aufgrund der hohen Vielfalt agiler Praktiken entsteht ein Risiko im Fachbegriffsdschungel falsch abzubiegen. Agile Praktiken können als Werkzeuge angesehen werden, die für die Lösung eines bestimmten Problems genutzt werden. Hierzu sollte zunächst das Problem verstanden werden, und dann eine agile Praktik ausgewählt werden. Ein weiteres Phänomen, das in der Praxis häufig zu beobachten ist, ist dass es oftmals eine natürliche Grenze beim Einsatz agiler Arbeitsweisen innerhalb von Organisationen gibt. Betrachtet wird im Folgenden das Beispiel Anforderungsmanagement: Jede Organisationseinheit (z. B. Abteilung, Gruppe oder Team) verfügt über Abhängigkeiten zu anderen Einheiten der gleichen oder externen Organisationen. In der Softwareentwicklung ist dies z. B. bei Produktanforderungen der Fall. Diese werden oftmals in den Fachabteilungen definiert, anschließend formal und sprachlich übersetzt und dann an ein oder mehrere Software-Entwicklungsteams übergeben. Wenn nun das prozessuale Vorgehen in der Fachabteilung oder den organisationalen Schnittstellen anders als im Bereich der Softwareentwicklung ist, ist die oben benannte natürliche Grenze des agilen Vorgehens erreicht. Durch ein z. B. sequenziell organisiertes Anforderungsmanagement werden die Anforderungen in anderen Formaten, anderen Umfängen oder auch anderen Prioritäten bereitgestellt, als von dem agilen Softwareentwicklungsteam benötigt. Zudem wird bei einer sequenziellen Vorgehensweise oftmals die Annahme getroffen, dass die Anforderungen vor der Umsetzung vollständig erhoben werden können. Anders ausgedrückt hilft es nicht immer einzelne Organisationseinheiten agil zu transformieren, wenn die Abhängigkeiten den Erfolg agiler Arbeitsweisen behindern. Aus dieser Abhängigkeit ergibt sich die Notwendigkeit für Unternehmen sich mit den Fragen auseinanderzusetzen, welche Bestandteile der Organisation agil ausgerichtet werden (sollen) und welche Abhängigkeiten zu anderen Organisationseinheiten oder Organisationen bestehen. Hierbei ist insbesondere der Kontext der jeweiligen Organisation zu berücksichtigen. Aspekte wie die Branche, in der das Unternehmen operiert; die Größe, die es aufweist und die Produkte, die es entwickelt und anbietet nehmen auf die Komplexität dieser Fragestellung einen Einfluss. Aufgrund dessen werden wir im Folgenden die Charakteristiken einer *agilen Organisation* beschreiben und den Begriff definieren.

▶ **Definition**  Eine *agile Organisation* respektiert die werte-basierte Arbeit und forciert Transparenz, offene Kommunikation sowie Selbstorganisation. Sie ist geprägt von ihrer Anpassungsfähigkeit aufgrund einer offenen Lern- und Feedbackkultur.

Eine agile Organisation zeichnet sich also durch verschiedene Charakteristika aus, die je nach Kontext unterschiedlich sein können. Neben dem Fokus auf die werte-basierte Grundlage agiler Arbeitsweisen ist hierbei insbesondere die Akzeptanz zur Veränderung zu nennen.

Wenn Unternehmen den Herausforderungen in der schnellen und dynamischen Geschäftswelt begegnen wollen, ist die Notwendigkeit zur Veränderung wichtig. Ein Kernelement agiler Arbeitsweisen ist der stetige Drang nach Optimierung (auch als *Kaizen* bezeichnet). In agilen Methoden wird dieser Aspekt durch agile Praktiken wie Retrospektiven oder auch Review Meetings betont. Eine regelmäßige Reflektion der Zusammenarbeit, eigenen Prozesse, Abläufe und Technologien, resultiert in einer stetigen Veränderung der Arbeit. Dies ist für Menschen häufig ein Problem, da wir Veränderungen nicht immer positiv wahrnehmen. Wir empfehlen hierfür die gängigen Modelle für Veränderungsprozesse und insbesondere spezifische Ansätze zu agilen Transformationsvorhaben zu berücksichtigen (Diebold 2022,Diebold et al. 2015).

## 2.2  Kultur

Kultur ist ein komplexes Konstrukt, das je nach Kontext oder Betrachtungsebene unterschiedlich beschrieben wird. Es existieren verschiedene Definitionen von Kultur. Auf Grund der Vielfältigkeit der Definitionen des Kulturbegriffs ist es notwendig, für den jeweiligen Kontext eine eigene, geeignete Definition zu formulieren (Quinn und Rohrbaugh 1983). Wir nutzen für den Begriff *Kultur* in diesem *essential* folgende Definition (Oetting 1993):

▶ Definition Der Begriff *Kultur* beschreibt die Bräuche, den Glauben, die soziale Struktur und die Aktivitäten von Menschen, die sich als Mitglieder einer Gruppe ansehen.
   Beispiele: Religion, Vereine, oder Sportarten.

Wir beziehen Kultur demnach klar auf Verhaltensweisen und zu Grunde liegende Wertevorstellungen, die sich in sozialen Strukturen durch die Aktivitäten von Menschen zeigen. Für das Themenfeld Kultur gibt es sowohl beschreibende als auch vergleichende Modelle. Zunächst stellen wir bekannte beschreibende Modelle vor und gehen anschließend kurz auf vergleichende Modelle ein.

Beschreibende Modelle wie das *Zwiebelmodell* von Hofstede (Hofstede 2001) und das *Eisbergmodell* von Schein (Schein 2009) zeigen die Zusammenhänge zwischen den Grundwerten einer Kultur und dem Verhalten der Menschen. Sie betonen die Bedeutung der Unterscheidung zwischen sichtbaren und unsichtbaren Aspekten einer Kultur. Sichtbare Aspekte sind zum Beispiel Kommunikation und Verhalten, während unsichtbare Aspekte die zugrunde liegenden Wertestrukturen einer Kultur sind. Missverständnisse und unangemessene Verhaltensweisen können entstehen, wenn diese unsichtbaren Aspekte nicht erkannt werden. *Karahannas Modell* (Karahanna et al. 2006) beschreibt Kultur als ein vielschichtiges Konzept mit sechs Kulturebenen, darunter gruppenspezifische, organisationale, berufsspezifische und nationale Schichten. Diese Schichten bauen aufeinander auf und beeinflussen die kulturelle Prägung von Individuen. Zum Beispiel können zwei Menschen aus derselben Region unterschiedliche kulturelle Prägungen aufgrund der Organisation, in der sie arbeiten, haben.

Vergleichende Modelle wie *Hofstedes Kulturdimensionen* (Hofstede et al. 2010) versuchen, Kulturen mithilfe von Skalen und konkreten Kulturwerten zu vergleichen. Auf diese Weise können Unterschiede zwischen Kulturen herausgearbeitet und verglichen werden. In diesem Text liegt der Fokus jedoch auf beschreibenden Modellen, während vergleichende Modelle nur kurz erwähnt werden.

Für diejenigen Lesenden, die sich intensiver mit diesem Thema auseinandersetzen möchten, bietet Richter (Richter 2014) eine ausführliche kritische Auseinandersetzung mit dieser Form der Kulturmodellierung. Wir weisen zudem darauf hin, dass Forschungsergebnisse die Notwendigkeit der Erstellung von individuellen Kulturprofilen aufzeigen (Richter 2014). Die z. B. von Hofstede bereitgestellten Daten (Hofstede et al. 2010) können signifikant von den tatsächlichen Kulturprofilen der Mitarbeitenden in Organisationen abweichen, was nicht zuletzt zu einer falschen Grundlage für die Konzeption von Trainings und Workshops zur Kultur führt und somit die Sinnhaftigkeit solcher Maßnahmen infrage stellt.

Ein weiterer wichtiger Aspekt ist die Organisationskultur. Auch hier gibt es Modelle, die Organisationskulturen beschreiben, und einige Modelle wie Scheins Eisbergmodell wurden für den Kontext der Organisationskultur angepasst. Organisationskultur wird als Kultur verstanden, die mehrere Facetten umfasst und von verschiedenen Ebenen beeinflusst wird, wie in Karahannas Modell beschrieben. Eine Organisationskultur umfasst die Organisation, Gruppen und Teams sowie das jeweilige Individuum.

## 2.3    Spannungsfeld der agilen Kultur

Für den erfolgreichen Einsatz von Agilität stellt das Zusammenspiel von kulturellen Aspekten wie Werten oder Prinzipien und technischen Komponenten wie Praktiken, Rollen oder Artefakten eine der Kernherausforderungen dar (Abrahamsson et al. 2002; Kuchel et al. 2023). Wenn agile Arbeitsweisen erfolgreich genutzt werden sollen, ist das Zusammenspiel der beiden Facetten (kulturelle und technische Agilität) von hoher Bedeutung. In der Praxis und in der Literatur wird dies auch als Unterschied zwischen „doing vs. being agile" (Kuchel et al. 2023; Sidky et al. 2007) diskutiert. Wenn agile Werte bei der Nutzung agiler Arbeitsweisen nicht berücksichtigt werden, kann dies sowohl zu ungenutzten Potenzialen als auch Konflikten führen. Dies zeigt sich z. B., wenn Agilität auf Teamebene eingeführt wird, aber kein Bezug auf die nötigen Werte genommen wird.

Werden agile Werte berücksichtigt und ein „being agile"-Ansatz verfolgt, schließt sich die Frage an, ob diese Wertemuster mit denen der Organisation übereinstimmen. In vielen Fällen wird dies zur Herausforderung, da Organisationskulturen auf unterschiedlichen Ebenen (Organisation, Team und Individuum) vorhanden sind. So kann es sein, dass auf Teamebene eine Überlappung der Teamwerte und mit den agilen Werten vorliegt. Allerdings muss dies nicht für weitere Ebenen gelten. Da Kulturen in den Organisationsebenen stark verankert sind, ist davon auszugehen, dass eine mögliche Veränderung der zugrunde liegenden Werte mit Konflikten einhergeht und Zeit in Anspruch nimmt.

Wie beschrieben entstehen oftmals Probleme beim Zusammenspiel der technischen („doing agile") und kulturellen („being agile") Agilität. Abb. 2.1 stellt den Zusammenhang zwischen den beiden Facetten dar. Eine zeitgleiche Einführung von Agilität in einer gesamten Organisation halten wir für schwierig, da dieser Big-Bang-Ansatz zu einem durch die Veränderung ausgelösten Schock führen kann. Dieser Schock kann Verunsicherung, Überforderung und Ablehnung auslösen, was die Einführung von agilen Arbeitsweisen erschwert. Vielmehr empfehlen wir eine schrittweise Einführung von agilen Methoden und Praktiken. Hierbei ist jedoch darauf zu achten, dass in der Einführungsphase (s. Phase 1, Abb. 2.1) eine sinnvolle Kombination von agilen Praktiken, Rollen und Artefakten ausgewählt wird, um das verfolgte Ziel auch erreichen zu können. Dabei muss die kulturelle Agilität berücksichtigt werden, um einen erfolgreichen Einsatz der einzuführenden agilen Praktiken auch zu gewährleisten. Es ist ratsam, agile Praktiken zu selektieren, die keine umfassende kulturelle Veränderung der Organisationseinheit erfordern (Diebold et al. 2015). Zudem können wir heute davon ausgehen, dass ein grundlegendes Verständnis über einzelne Elemente agiler Arbeitsweisen in den Organisationen bei Einzelnen bekannt ist. Darauf aufbauend kann die

Annahme getroffen werden, dass einzelne Elemente agiler Arbeitsweisen in Organisationen bereits vorhanden sind (Diebold et al. 2015). Der erfolgreiche Einsatz agiler Praktiken führt zu Quick-Wins, die das Selbstbewusstsein der betroffenen Teams fördern und die Sinnhaftigkeit der Veränderung aufzeigen. Ein Beispiel hierfür ist das bereits oben erwähnte Beispiel des Daily Stand-Up Meetings. Die Einführung dieser agilen Praktik kann ebenfalls schrittweise erfolgen, indem zunächst die Praktik täglich im Kalender eingeplant wird und die Kernfragen im Termin dokumentiert werden (Diebold et al. 2015). Nach einer gewissen Zeit, in der die Kernfragen und das Ziel des Termins in das Bewusstsein der Team-Mitglieder übergegangen sind, kann die Dokumentation der Kernfragen aus dem Termin entfernt werden (Diebold et al. 2015). Wenn es für die Team-Mitglieder zum Arbeitsalltag gehört, das Meeting zu gleicher Zeit am gleichen Ort durchzuführen, ist selbst der Termineintrag im Kalender nicht mehr notwendig. An dieser Stelle ist die Reifephase (s. Phase 3, Abb. 2.1) erreicht und der Termineintrag kann ebenfalls entfernt werden; das Daily Stand-Up Meeting hat sich etabliert und bedarf keiner organisationaler Hilfestellung mehr.

Aufbauend auf diesen ersten positiven Erfahrungen mit Agilität, können dann in der Wachstumsphase (s. Phase 2, Abb. 2.1) agile Praktiken eingeführt werden, die eine kulturelle Veränderung erfordern und so den Grad der kulturellen Agilität erhöhen. Ein veranschaulichendes Beispiel hierfür sind Retrospektiven. Retrospektiven dienen einem Team dazu, sich regelmäßig zu hinterfragen und

**Abb. 2.1** Spannungsfeld der kulturellen und technischen Agilität. (Eigene Darstellung)

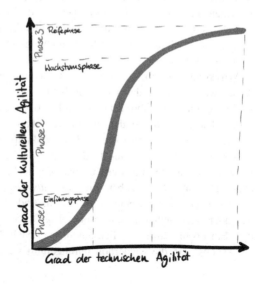

Maßnahmen zur Optimierung ihrer Prozesse oder ihres Vorgehens zu identifizieren. Für die erfolgreiche Durchführung einer Retrospektive ist normalerweise ein kultureller Wandel erforderlich. Wir erwarten von den Team-Mitgliedern, dass sie Dinge tun, die wir normalerweise nicht als positiv wahrnehmen:

- Das offene Kommunizieren von eigenen Fehlern
- Das kritische Reflektieren des Vorgehens von Kolleg:innen

Dies erfordert eine kulturelle Veränderung hin zu einem Verständnis, in dem Fehler als Potenzial zur Verbesserung wahrgenommen und eine kritische Auseinandersetzung mit dem eigenen Vorgehen als zielführend empfunden werden.

Anschließend kann in der Reifephase (s. Phase 3, Abb. 2.1) wiederum die technische Agilität fokussiert werden, in der neue agile Praktiken eingeführt oder vorhandene adaptiert werden. Zur Veranschaulichung greifen wir hier das Beispiel der Retrospektiven auf. Üblicherweise werden Retrospektiven methodisch mithilfe von Mikro-Praktiken durchgeführt. Beispiele für Mikro-Praktiken sind das *Starfish Model* oder auch der *Mad/Sad/Glad* Ansatz. Die Vielfalt der zur Verfügung stehenden Mikro-Praktiken ist mittlerweile sehr hoch und reicht von trivialen Ansätzen (Was lief gut? / Was lief schlecht?) bis hin zu spielerischen Ansätzen denen, z. B. ausgefeilte Story Lines zugrunde liegen. Alle Mikro-Praktiken haben das Ziel, Probleme sichtbar zu machen und gemeinsam Lösungen zu finden. Wir empfehlen regelmäßig die Retrospektiven methodisch neu auszurichten und andere Mikro-Praktiken für den Einsatz anzuwenden. Hierdurch entstehen eine methodische Abwechslung und die Möglichkeit, neue Perspektiven einnehmen zu können, indem die Team-Mitglieder mit anderen Fragestellungen konfrontiert werden.

Wir können zusammenfassen, dass für eine erfolgreiche Anwendung agiler Arbeitsweisen die Berücksichtigung beider Facetten, der kulturellen und technischen Agilität (vgl. Abb. 2.1), von hoher Bedeutung sind. Die Unterschiede der beiden Facetten sind in der Praxis weitestgehend bekannt, werden aber nicht immer umgesetzt. Sofern eine solche Verknüpfung angestrebt wird, entstehen weitere Probleme und Herausforderungen. So wissen wir, dass Regeln in Organisationen zwar befolgt werden (was der technischen Agilität zugutekommt), allerdings konkrete Vorgaben wie „*Du musst jetzt...* " nicht die Motivation oder Zufriedenheit der Mitarbeitenden fördern. Anders ausgedrückt können kulturelle Veränderungen nicht erzwungen oder Top-Down als Anforderung formuliert werden. Ein Lösungsansatz stellen aus unserer Sicht Mitmachveranstaltungen (z. B. Workshops) dar, die wiederholt durchgeführt werden, um so die Möglichkeit zu

haben, der komplexen Herausforderung von kulturellen Veränderungen begegnen zu können. Zudem besteht die Möglichkeit, dass durch die wiederkehrende
Durchführung solcher Mitmachveranstaltungen eine Art Schneeballeffekt entstehen kann, wodurch die kulturelle Veränderung unterstützt wird. Im Idealfall
entsteht eine Symbiose aus kultureller und technischer Agilität, die in verschiedenen Phasen abläuft (s. Abb. 2.1). Die erfolgreiche Verknüpfung aus beiden
Facetten umfasst weitere Problemfelder.

Ein Beispiel hierfür ist die **Führungs- und Entscheidungskultur** in Unternehmen, die maßgeblich Einfluss darauf nehmen wird, wie eine agile Transformation
durchgeführt werden kann. Wenn z. B. Entscheidungen von einzelnen in einer
Organisation getroffen werden, statt die Mitarbeitenden einzubeziehen und selbst-
organisationale Kompetenzen zu fördern, ist dies für den oben genannten
Lösungsansatz der Mitmachveranstaltungen hinderlich.

Ebenso nimmt die zu Grunde liegende **Fehler- und Lernkultur** in der Organisation eine hohe Wichtigkeit ein. Eine fördernde Fehler- und Lernkultur erlaubt
es den Mitarbeitenden, Fehler zu machen und fokussiert das Potenzial, daraus
Optimierungen für die Zukunft abzuleiten. Hierzu gehört auch die Fragestellung,
inwiefern sich Mitarbeitende trauen, neue Dinge auszuprobieren oder mit Neuem
(Technologien, methodische Ansätze, …) zu experimentieren.

Zudem ist ein grundlegendes **Vertrauen** zwischen Mitarbeitenden, ihren Kol-
leg:innen und Führungskräften wichtig. Wann werden welche Informationen
geteilt, wieviel Gestaltungsspielraum und Entscheidungsfreiheiten gewähre ich
einem Team oder einzelnen Mitarbeitenden?

# Fehler- und Lernkultur

Dieses Kapitel vertieft das Problem, dass die Menschen innerhalb einer Organisation keine Fehler machen dürfen. Bei der Einführung und Nutzung agiler Arbeitsweisen hat der Aspekt der Fehler- und Lernkultur einen besonderen Stellenwert. Die Fehlerkultur wird als Kultur verstanden, bei der die Menschen das Scheitern als Chance zum Lernen verstehen. In der agilen Welt ist der *Kaizen-Ansatz*, also das stetige Optimieren des eigenen Vorgehens, zentral verankert. Teams können ihre eigene Arbeitsweise hinterfragen und verbessern, indem sie agile Praktiken wie Retrospektiven oder Reviews nutzen. Hierfür ist es wichtig, dass die Mitarbeitenden Fehler machen dürfen und dies sogar explizit erwünscht ist. Im Kontrast dazu wird allerdings auch heute noch in Organisationen die Fehlervermeidung favorisiert und gefördert. Das hat häufig zur Folge, dass sich Mitarbeitende davor scheuen, neue Dinge auszuprobieren (vgl. Kap. 4). Dies ist jedoch wichtig, um die eigene Arbeitsweise kontinuierlich weiterentwickeln zu können. Menschen, die mit der Fehler- und Lernkultur nicht vertraut sind, könnten diese auch falsch interpretieren und als Ausrede für schlechte Arbeitsleistung ansehen.

Abb. 3.1 verdeutlicht, wie wir uns verhalten, wenn wir Angst davor haben, Fehler zu machen. Wir sind vorsichtig, versuchen Risiken auszuweichen und verlieren dabei den Blick auf das, was um uns herum passiert. Dabei ist es ganz natürlich, Fehler zu machen, wenn komplexe Probleme gelöst werden sollen und viele unbekannte Faktoren aufeinandertreffen. Viel wichtiger ist die Frage, wie wir und andere mit Fehlern umgehen. Welche Konsequenzen folgen auf Fehler? Was lernen wir aus Fehlern?

© Der/die Autor(en), exklusiv lizenziert an Springer-Verlag GmbH, DE, ein Teil von Springer Nature 2023
E.-M. Schön et al., *Der Umgang mit Agilität in der Unternehmenskultur*,
essentials, https://doi.org/10.1007/978-3-662-67891-6_3

**Abb. 3.1** Die Menschen
innerhalb der Organisation
dürfen keine Fehler
machen. (Eigene
Darstellung)

In diesem Zusammenhang gibt es zwei unterschiedliche Konzepte, die Ein-
stellungen und Werte (auch als *Mindset* bezeichnet) beschreiben, an die ein
Mensch glaubt. Zum einen gibt es das *Fixed Mindset* und zum anderen das
*Growth Mindset* (Dweck 2017). Menschen mit einem Fixed Mindset glauben,
dass ihre Qualitäten in Stein gemeißelt sind und sie sich nicht weiterentwickeln
können. Dieses Mindset führt dazu, dass sie sich immer wieder beweisen wollen.
Im Gegensatz dazu sind Menschen mit einem Growth Mindset davon überzeugt,
dass sie ihre grundlegenden Qualitäten durch Bemühungen, Strategien, und mithilfe anderer weiterentwickeln können. Menschen mit einem Growth Mindset
denken nicht, dass sie scheitern, sondern gehen davon aus, dass sie aus Erfahrungen lernen. Dieses Konzept lässt sich auch auf Organisationen übertragen. In
Organisationen mit einem Fixed Mindset wird oftmals das *Blame-Game* gespielt,
bei dem in mehreren Gesprächen versucht wird, die Schuldfrage für einen Fehler
zu klären. Langfristig führt dieses Verhalten dazu, dass Mitarbeitende und Führungskräfte aufgrund des Umgangs mit Fehlern eine geringere Risikobereitschaft
entwickeln, da sie Angst vor den Konsequenzen haben. Weiterhin schränkt dieses
Verhalten die Innovationskraft einer Organisation ein, da einige Ideen gar nicht
erst gehört oder diskutiert werden.

*„Eine Organisation ist dann gut, wenn sie die Fähigkeit zum Lernen besitzt und anpas-*
*sungsfähig ist."* – Ulf Schubert (DATEV eG, Director UX & Touchpoint Design)

Im Vergleich dazu wird in Organisationen mit einem Growth Mindset Scheitern als Chance zum Lernen verstanden. Wenn ein Individuum oder ein Team einen Fehler machen, wird reflektiert, wie die Situation beim nächsten Mal besser gelöst werden kann. Fehler werden somit zugelassen. Die Ideen jeder einzelnen Mitarbeitenden und Führungskraft werden wertgeschätzt und es findet eine Kommunikation auf Augenhöhe statt. Die Menschen innerhalb der Organisation fordern aktiv Feedback ein, wodurch sie die Möglichkeit erhalten, zu wachsen. Dies führt dazu, dass Menschen sich innerhalb der Organisation sicher fühlen und ihr Potential entfalten können. Durch die aktive Mitgestaltung des Arbeitsumfeldes fühlen die Menschen sich mit der Organisation verbunden und bleiben der Organisation länger treu.

## 3.1 Wie zeigt sich das Problem in der Praxis?

Bereits im Auswahlverfahren zukünftiger Mitarbeitender und Führungskräfte offenbart sich auf der *Kulturebene Organisation* das Problem, dass den Menschen innerhalb einer Organisation keine Fehler erlaubt sind. Organisationen mit einem Fixed Mindset verlassen sich beim Auswahlverfahren im Einstellungsprozess auf die Auswahl der Besten. Die Auswahl der sogenannten *High-Potentials* oder *Top-Performer* wird auf Basis von Zeugnissen oder Ergebnissen aus Einstellungstests vorgenommen. Dabei bleiben einige Talente unentdeckt, da ihre persönliche Geschichte und ihre Motivation nicht berücksichtigt werden. Eine weitere Ausprägung dieses Problems zeigt sich bei der Förderung und Unterstützung der Menschen innerhalb einer Organisation. Wenn Mitarbeitende und Führungskräfte selektiv gefördert werden, können Machtkämpfe entstehen, da sich einige Mitarbeitende gegenüber den anderen profilieren wollen. Mitarbeitende und Führungskräfte werden vernachlässigt, wenn sie nicht den gewünschten Auswahlkriterien entsprechen und können ihr Potential nicht vollständig entfalten. Langfristig führt dieses Verhalten dazu, dass Menschen die Organisation verlassen, da sie sich vernachlässigt fühlen.

Auf der *Kulturebene Team* wird dieses Problem sichtbar, wenn ein anvisiertes Ziel (z. B. ein Sprint-Ziel oder eine Deadline zur Lieferung eines bestimmten Features) nicht erreicht wird. Wenn das Team Angst vor Konsequenzen hat, führt diese Erfahrung dazu, dass das Team bei der nächsten Gelegenheit vorsichtiger bei der Festlegung der nächsten Ziele wird. Beispielsweise nimmt sich das Team beim nächsten Sprint weniger vor oder nutzt bei der Aufwandschätzung einen größeren Puffer. Wenn dann noch innerhalb der Organisation nur ausgewählte Mitarbeitende gefördert werden, kann dies zu Schwierigkeiten in der

Zusammenarbeit im Team führen. Einige Teammitglieder können die Auswahl als ungerecht empfinden und es entstehen Gefühle, wie z. B. Eifersucht und Neid. Diese Gefühle führen dazu, dass die Zusammenarbeit gestört ist und Konflikte auf persönlicher Ebene entstehen. Diese Facette des Problems zeigt sich auch, wenn Teammitglieder mit ähnlichen Qualifikationen unterschiedliche Gehälter erhalten oder bei Gehaltserhöhungen unterschiedlich behandelt werden.

Auf der *Kulturebene Individuum* führt das Problem, dass die Menschen innerhalb einer Organisation keine Fehler machen dürfen, oftmals dazu, dass der Mensch nicht mehr die Verantwortung für sein eigenes Handeln übernimmt. Insbesondere in Organisationen, in denen starre Strukturen und Prozesse eine selbstorganisierte Arbeitsweise einschränken, fällt es den Mitarbeitenden leicht, die Schuld auf den vorgeschriebenen Prozess oder andere Vorschriften zu schieben, anstatt sich mit den eigenen Fehlern auseinanderzusetzen, zu reflektieren und daraus zu lernen. Eine weitere Ausprägung dieses Problems zeigt sich, wenn eine Führungskraft ein Fixed Mindset besitzt. Menschen mit einem Fixed Mindset müssen sich selbst immer wieder bestätigen, dass sie besser sind als andere. Dies kann dazu führen, dass sich eine Führungskraft selbst an die Spitze stellt, die Anerkennung für Beiträge anderer für sich beansprucht und andere schwächt, um sich mächtig zu fühlen. Somit kommt es zu Machtkämpfen innerhalb einer Organisation, die den Aufbau von Silos fördern.

## 3.2   Tipps für die Praxis

In unserer immer schnelleren Welt wird auch Wissen zunehmend dynamischer. Wissen, das heute noch aktuell ist, kann morgen schon veraltet sein. Lebenslanges Lernen und ein Growth Mindset sind wichtige Kompetenzen, um sich zukünftig in dieser Welt zurechtzufinden. In diesem Zusammenhang sollte eine Organisation regelmäßig überprüfen, welche Kompetenzen Teams und Menschen in der Organisation zukünftig benötigen. Eine stetige Investition in die Aus- und Weiterbildung bildet die Basis, um das Streben nach kontinuierlicher Verbesserung zu unterstützen. Für das Lösen komplexer Probleme werden unterschiedliche Kompetenzen benötigt, die sich technisch, fachlich und auch menschlich einteilen lassen. Hierzu zählt auf der einen Seite Wissen zu technologischen Entwicklungen oder Änderungen der Regularien und Gesetze, auf der anderen Seite Know-how zu Methoden der Konfliktlösung und wertschätzenden Kommunikation.

Auf der *Kulturebene Organisation* sollte eine Kultur des Lernens und Experimentierens geschaffen werden. Dazu können Teams und Individuen in der Organisation ermutigt werden aus Erfolgen und Misserfolgen zu lernen. Gleichermaßen ist es wichtig aufzuzeigen, dass Scheitern keine negativen Konsequenzen mit sich bringt, wie z. B. Bestrafung oder Demütigung. Damit dies gelingt ist eine offene und ehrliche Kommunikation im Sinne einer Feedbackkultur wichtig. Die Organisation kann einen Rahmen für Lernmomente kreieren, indem folgende Aktivitäten umgesetzt werden:

▶ **Tipps für die Fehler- und Lernkultur (Kulturebene Organisation)**

- Wert des Scheiterns vermitteln
- Kanäle für Feedback ermöglichen
- Zeit für persönliche Aus- und Weiterbildung einräumen
- Ressourcen bereitstellen (z. B. internes Social Media, Communities of Practices und Barcamps)

Die *Kulturebene Team* ist eng verknüpft mit der Einstellung der Menschen auf der Kulturebene Individuum. Wenn Menschen keine Angst vor den Konsequenzen des Scheiterns haben, arbeiten sie eher im Team zusammen. Regelmäßige Teambuildingmaßnahmen sorgen dafür, dass das Team ein Zusammengehörigkeitsgefühl entwickelt und die Teammitglieder sich gegenseitig dabei unterstützen, Aufgaben zu lösen. Auf Teamebene können folgende Maßnahmen eine Lernkultur stärken:

▶ **Tipps für die Fehler- und Lernkultur (Kulturebene Team)**

- Erfolge im Team feiern und in der Organisation sichtbar machen
- Misserfolge mit anderen Teams austauschen
- Themengebunde Retrospektiven durchführen
- Diversität bei der Problemfindung zulassen und fördern

Für die *Kulturebene Individuum* ist es wichtig, dass alle verstehen, dass sich Fähigkeiten und Kompetenzen durch Lernen und Arbeit weiterentwickeln. Für die individuelle Weiterentwicklung sind Mentorenprogramme, Coachings und regelmäßiges Feedback hilfreich. Zudem kann die Führungskraft Fortschritte von Teams und Individuen belohnen und Erfolge innerhalb der Organisation sichtbar machen, ohne dabei sich selbst in den Mittelpunkt zu stellen. Individuen sollten für die Entwicklung der eigenen Fehler- und Lernkultur folgendes beachten:

▶   **Tipps für die Fehler- und Lernkultur (Kulturebene Individuum)**

- Growth Mindset entwickeln
- Regelmäßiges Feedback einfordern und geben
- Aus- und Weiterbildungsprogramme nutzen
- Zeit zur Selbstreflektion finden

Insgesamt ermöglicht ein offener und transparenter Umgang mit Fehlern einen geschützten Raum für Experimente.

# Experimente

4

Wie beim Problem mit der Fehler- und Lernkultur schon beschrieben, hängt dieses sehr nah mit dem nächsten Themenfeld rund um Experimente zusammen. Dieses Kapitel vertieft die Problematik, dass Menschen – egal ob als einzelne Individuen oder in einer Gruppe als Team – in Organisationen bzw. in ihrem Umfeld Angst davor haben, neue Dinge auszuprobieren. Der Begriff Experiment deutet bereits daraufhin, dass es noch keinen klaren Weg und kein vorhersagbares Ergebnis gibt und das Auszuprobierende schiefgehen kann. Trotzdem scheuen sich viele Mitarbeitende davor, Experimente zu starten (Uni Leipzig 2020). Für Experimente gibt es konkrete Beispiele in allen Bereichen eines Unternehmens, von A/B-Tests von verschiedenen Benutzeroberflächen über methodische Anpassungen, z. B. im Arbeitsprozess bis hin zur Digitalisierung von Prozessen.

Abb. 4.1 illustriert, dass Menschen das Neue oftmals als etwas Unbekanntes oder sogar als Monster wahrnehmen, da sie keine genaue Vorstellung davon haben, was auf sie zukommt. Das führt dazu, dass sich Ängste entwickeln und sich an dem Bekannten festgeklammert wird.

Experimente helfen dabei, Dinge auszuprobieren und dienen der kontinuierlichen Verbesserung, einem in der agilen Kultur sehr wichtigen und stark verankerten Aspekt. Dies ist im Speziellen in einem komplexen Umfeld sehr wichtig, in dem richtige Antworten nicht bekannt sind und verschiedene Alternativen getestet werden müssen. Dieses eckt jedoch häufig mit einer über Jahre hinweg geprägten Unternehmenskultur an. Das vermutlich gängigste Beispiel hierfür ist das Thema Gehalt. Häufig ist es häufig so, dass sich flexible Gehaltsanteile (Harunavamwe und Kanengoni 2013) – meist auf Basis von individuellen Zielen – negativ auf die Experimentierfreude auswirken. Zum Beispiel ist es im Vertriebs- und Einkaufsumfeld größerer Unternehmen die Regel, dass flexible

E.-M. Schön et al., *Der Umgang mit Agilität in der Unternehmenskultur*, essentials, https://doi.org/10.1007/978-3-662-67891-6_4

Gehälter oder Boni gezahlt werden, wenn größere (Festpreis-)Projekte gewonnen
werden oder der Lieferant noch einmal im Preis gedrückt werden konnte. Dabei
wird jedoch nicht betrachtet, welche Effekte sich daraus langfristig ergeben. Häufig scheitern solche Projekte an der Komplexität und haben damit, wie im anderen
Beispiel des gedrückten Preises, durch eine nicht intakte Kundenbeziehung, einen
langfristig negativen Effekt.

Denn selbst wenn die Unternehmenskultur inklusive einer vorherrschenden
Fehler- bzw. Lernkultur passend sind, kommt es häufig vor, dass (gewünschte)
Experimentierfreude kontraproduktiv zu individuellen Zielsetzungen sind. Was
dazu führt, dass sich Mitarbeitende gegen Experimente stellen.

> *„Ohne das Nutzen von Experimenten, kann keine kontinuierliche Verbesserung
> unternehmensweit etabliert werden. "* – Carsten Elvers (IAV GmbH, Abteilungsleiter
> Embedded Security, Bereich Software Systems & Connectivity)

Die größte Angst bei Experimenten ist es, einen oder mehrere Fehler zu
machen (Kjellstrand und Vince 2017). Aufgrund dieser Angst werden Experimente oftmals nicht gestartet. Hier besteht ein direkter Zusammenhang zum oben
genannten Problem der Fehler- und Lernkultur. Dabei spielt die Größe des Experimentes eine entscheidende Rolle. Denn im Normalfall korrelieren die Größe
des Experimentes mit der Schwere des möglichen Fehlers beim Scheitern des

Experimentes. Beispielhaft macht es einen Unterschied, ob eine Organisation sein Projektmanagement von heute auf morgen zu Scrum umbaut oder alternativ Schritt-für-Schritt einzelne agile Bausteine zur Veränderung der Prozesse anbietet. Dies zeigt, dass die Auswahl, der für den jeweiligen Kontext passenden Größe eine schwierige, aber immens wichtige Aufgabe ist. Hierbei gibt es auch keine richtige oder falsche Größe des Experimentes, sondern es gilt, immer den aktuellen Kontext zu betrachten. Die Auswahl der Größe selbst ist ein Experiment – und auch wenn sich der Kontext fast immer unterscheidet – gilt es auch aus diesen wieder zu lernen.

Grundsätzlich spielt das Problem eine Rolle, dass Veränderungen mit Ängsten verbunden sind. Aus diesem Grund kommt es häufig vor, dass gefragt wird „Warum etwas aktuell verändert werden soll, da doch alles so funktioniert, wie es ist". Dieses grundsätzliche menschliche Verhalten basiert darauf, dass *„Menschen in verschiedenen Situationen oder auf verschiedene Reize nach bestimmten Gewohnheiten handeln"* (Prack 2010). Dies ist auch für das Experimentieren nicht dramatisch, denn es sind nicht die Experimente, die etwas ändern, sondern die Ergebnisse jedes Experimentes.

## 4.1 Wie zeigt sich das Problem in der Praxis?

Auf der *Kulturebene Organisation* wird das Problem häufig sichtbar, wenn eine gewisse „Lähmschicht" im Management sowie auch in der ganzen Organisation vorherrscht. Dies ist häufig in Zentralbereichen wie HR, Qualitätssicherung oder Prozesse der Fall. Ein Beispiel aus der Praxis: Innerhalb einer Organisation startet eine Abteilung das Experiment einer 3er-Spitze als Abteilungsleitung mit Aufgabenteilung (z. B. Menschen, Projekte und Prozesse). Gleichzeitig wird allen anderen Abteilungen das gleiche Experiment verboten, da die Organisation nur ein Pilotprojekt dieser Art zulässt. Dies ist nur ein konkretes Beispiel dafür, wie Experimente durch die Organisation oder das Management unterbunden werden. Es zeigt sehr deutlich, wie eine Kultur des Experimentierens blockiert werden kann, auch wenn die Personen darauf brennen. Zu ergänzen ist dies durch ein weiteres Problem auf der Organisationsebene: Viele kennen es sicherlich, dass ein Innovationslabor im Unternehmen aufgemacht wird – dabei ist es egal, wie dies sich genau nennt – aber der Transfer in die Unternehmenspraxis meist nicht gelingt. Dann kann zwar in dieser geschützten Umgebung aus Experimenten gelernt werden und die Erkenntnisse werden dokumentiert, aber die Anwendung in die Breite der Organisation bleibt aus.

Auf der *Kulturebene Team* zeigt sich das Problem, dass sich viele Teams bzw. Personen den Erfolg eines Experimentes auf die Fahne schreiben, aber im Falle eines Misserfolges bzw. Scheiterns eines Experimentes von sich auf andere weisen. Das zuvor genannte Beispiel der 3er-Spitze zeigt dies sehr gut, denn bei einem Erfolg wird es der konkreten Abteilung zugerechnet. Wohingegen ein Misserfolg nicht an der Abteilung hängt, sondern an zentraleren Vorgaben oder Regeln wie zum Beispiel Prozessen oder definierten Rollen. Durch diese Art des „Fingerpointings" kommt eine Kultur zustande, in der es keinen Spaß macht, Experimente durchzuführen, da durch solch ein Verhalten die Angst vorm Scheitern weiter erhöht wird.

Beim Experimentieren wird die *Kulturebene Individuum* häufig durch Gruppendynamiken gefördert. Denn nicht selten ist es der Fall, dass sich Individuen in einer Gruppe anders verhalten, als sie es alleine machen würden. Dies wird häufig auch durch das genannte „Fingerpointing" in einer Gruppe getriggert. Ein weiteres Problem des Individuums und auch der Gesellschaft ist, dass der Mensch ein Gewohnheitstier ist und sich vor Veränderungen scheut. In Kombination mit der Angst des Scheiterns bildet dies häufig für jeden einzelnen eine schwerwiegende Hürde für das Starten und Durchführen von Experimenten. Zu guter Letzt ist auf der individuellen Ebene noch das Gehalt als Facette dieses Problems zu nennen. In den menschlichen Bedürfnissen steht dies als Grundbedürfnis sehr weit oben (Maslow 1943) und verdrängt bei vielen Menschen andere Themen wie Freundschaft, Anerkennung oder den Aspekt der Selbstverwirklichung. Dies wird z. B. relevant, wenn ein Experiment das Einkommen durch individuelle Zielvereinbarungen negativ beeinflusst.

## 4.2 Tipps für die Praxis

Die Schnelligkeit und Schnelllebigkeit – noch einmal über die letzten Jahre durch Digitalisierung und Home-Office forciert – haben dafür gesorgt, dass Unternehmen ohne ein gewisses Experimentieren und Ausprobieren Schwierigkeiten haben werden, am Markt zu bestehen. Da eine Kultur des Experimentierens dennoch in vielen Unternehmen nicht ausreichend gelebt wird, folgen hier einige Praxistipps. Unabhängig von der Kulturebene ist Vertrauen untereinander die wichtigste Voraussetzung.

Das iterative Annähern an die passende Größe der Experimente ist einer der entscheidenden Schlüsselfaktoren für den erfolgreichen Einsatz von Experimenten. Beispielhaft macht es einen Unterschied, ob in einem Daily Stand-Up eine vierte Frage etabliert wird, oder für alle im Team Pair Programming eingeführt wird. Dabei kann die Anwendung eines kontinuierlichen Verbesserungsprozesses mit den Aktivitäten „Plan-Do-Check-Act" (Deming 1982) unterstützen. Neben diesem konkreten Beispiel kann ein „Plan-Do-Check-Act" Ansatz auch generell einer Organisation helfen, eine experimentierfreudige Kultur zu etablieren. Ein konkretes Beispiel hierfür ist wieder das Thema Zielvereinbarung und daran geknüpftes Gehalt: Für die Verknüpfung von Unternehmenszielen und Gehältern muss eine Änderung hin zu mehr Unternehmensorientierung gefunden werden. Diese Lösung muss nicht direkt eine allgemeingültige Lösung sein oder für die komplette Zukunft gelten. Alternativ kann auch eine Lösung für das nächste Jahr (oder auch kleiner) getroffen und in einem Experiment ausprobiert werden. Die Erfahrungen mit der Lösung werden dann reflektiert, bewertet und gegebenenfalls angepasst.

Auf der *Kulturebene Organisation* geht es um das Fördern der Lust und Motivation Experimente zu starten oder Teil von Experimenten zu sein. Zusätzlich ist es entscheidend, das Thema des Experimentierens in der Organisation präsent zu machen und gleichzeitig die Kommunikation passend zu gestalten. Dabei sollten Ängste genommen und transparent gemacht werden, dass Scheitern von Experimenten keine negativen Konsequenzen hat. Dies kann als Organisation durch folgende Maßnahmen unterstützt und gefördert werden:

► **Tipps für Experimente (Kulturebene Organisation)**

- Größere Veränderungen und Veränderungsprojekte können durch externe Beratung begleitet werden
- Experimentieren als Vorbild vorleben und den Worten auch Taten folgen lassen
- FuckUp-Sessions im Unternehmen etablieren und fördern, um zu zeigen, dass Experimente auch fehlschlagen können und dürfen
- Passende Kommunikation etablieren, um abzugrenzen, was ein Experiment ist und was nicht[1]
- Experimentieren wertschätzen, bevor erste Ergebnisse existieren
- Etablieren von praxisnahem Wissenstransfers aus Forschung & Experimenten (auch Innovations Labs) in die Praxis des Unternehmens

*„Experimente dürfen nicht implizit oder explizit durch die Organisation ausgebremst werden, sondern müssen von dieser bestmöglich unterstützt werden. Wenn*

---

[1] Vermutlich finden schon mehr Experimente im Unternehmen statt, als bekannt sind.

*Veränderung gewünscht wird, egal an welcher Stelle, gilt es diese zu fördern."* – Carsten Elvers (IAV GmbH, Abteilungsleiter Embedded Security, Bereich Software Systems & Connectivity)

Die *Kulturebene Team* sollte sich darauf fokussieren, möglichst wenig parallellaufende Experimente zu etablieren. Wenn Experimente für die Gruppe funktionieren, werden dadurch automatisch Probleme wie zum Beispiel das „Fingerpointing" ausgehebelt, da diese Veränderungen zu einem Gemeinschaftsprojekt werden. Dies ist nicht überall möglich, jedoch sollte sich darauf fokussiert werden, möglichst Gruppenexperimente zu finden oder zu definieren. In Kombination mit einer vorgelebten Experimentierkultur, speziell auch durch Führungskräfte, sorgt dies für hohe *psychologische Sicherheit* (Goller und Laufer 2018) innerhalb des Teams. Psychologische Sicherheit ist die Grundvoraussetzung für das Experimentieren in einer Gruppe und eine weitere Verknüpfung zum Problem Vertrauen. Auch die Teamebene lässt sich durch einige konkrete Maßnahmen fördern, von denen hier in Folge einige dargestellt werden:

▶ **Tipps für Experimente (Kulturebene Team)**

- Gelebte VEGAS-Regel („Was in diesem Raum passiert, bleibt auch in diesem Raum")
- Keine individuellen Zielvereinbarungen, sondern Teamvereinbarungen
- Etablieren einer Team-Coach-Rolle, wie z. B. ein Scrum Master

Auf der *Kulturebene Individuum* geht es vorrangig darum, als Einzelperson die persönliche Komfortzone zu verlassen und damit die Angst und Hindernisse vor Veränderungen zu überwinden. Dies sollte nicht unter allen Umständen passieren, denn es ist ebenso wichtig seine eigenen Grenzen kennenzulernen. Es geht mehr darum, für sich als einzelne Person zu erkennen, dass es gut ist, immer wieder aus der eigenen „Wohlfühloase" auszubrechen. Gepaart mit der kontinuierlichen Verbesserung sollte dies auch zu einer stetigen persönlichen Weiterentwicklung führen. Konkrete, unterstützende Maßnahmen können die folgenden sein:

▶  **Tipps für Experimente (Kulturebene Individuum)**

- Persönliche Retrospektive
- Persönliches Coaching (nicht nur im geschäftlichen/beruflichen Umfeld)
- Transparenter Austausch mit den Kolleg:innen auf Augenhöhe, z. B. durch das Feld der persönlichen Ziele im Team Canvas[2]

---

[2] https://theteamcanvas.com/

# Vertrauen

5

Dieses Kapitel beschäftigt sich mit dem Problem, dass den Menschen innerhalb einer Organisation kein Vertrauen entgegengebracht wird. Vertrauen schafft ein positives und kooperatives Arbeitsumfeld, in dem Menschen mutig sein können und Risiken eingehen. Zudem trägt Vertrauen zum Aufbau langfristiger Beziehungen bei, die in Zeiten des Fachkräftemangels sehr wichtig sind, um Fluktuation zu vermeiden. Häufig stellt sich die Frage nach dem Vertrauen der Organisation bzw. Führungskräfte in die Mitarbeitenden. Agil arbeitende Teams erheben den Anspruch, selbstorganisierend tätig zu sein. Die Motivation hierfür liegt in der Annahme, dass die Teams selbst am besten wissen, wie sie beispielsweise die jeweiligen Anforderungen umsetzen oder einzelne Anforderungen priorisieren können. Um dies zu erreichen, ist das Empowerment der Teams von zentraler Bedeutung. Nur wenn Führungskräfte oder Auftraggeber:innen ein grundlegendes Vertrauen in die Mitarbeitenden haben, werden die agilen Teams in die Lage versetzt, selbstorganisiert und eigenverantwortlich zu handeln.

Abb. 5.1 versinnbildlicht das, was viele von uns kennen. Wir arbeiten an einer Aufgabe und werden dabei streng kontrolliert. Wir fühlen uns unwohl und haben Angst Fehler zu machen, was dazu führt, dass wir vermehrt Flüchtigkeitsfehler machen. Aber warum ist das so? Welche Mechanismen stecken dahinter?

In Organisationen, die stark vom Taylorismus geprägt sind, sind Aufgaben in kleinere Einheiten geteilt. Diese kleineren Einheiten werden von Mitarbeitenden ausgeführt und die Arbeit wird durch eine Expert:in überwacht. Mitarbeitende werden durch extrinsische Faktoren wie z. B. monetäre Leistungen motiviert. Die zugrunde liegenden Annahmen des Taylorismus werden in der heutigen Zeit kritisch betrachtet. Insbesondere die Annahme, Menschen müssen extrinsisch zur Arbeit motiviert werden, trifft z. B. auf Wissensmitarbeiter:innen nicht zu.

E.-M. Schön et al., *Der Umgang mit Agilität in der Unternehmenskultur*, essentials, https://doi.org/10.1007/978-3-662-67891-6_5

**Abb. 5.1** Den Menschen innerhalb der Organisation wird kein Vertrauen entgegengebracht. (Eigene Darstellung)

Wissensmitarbeiter:innen arbeiten intrinsisch motiviert durch Faktoren wie z. B. Autonomie, Kompetenz und Sinnhaftigkeit (vgl. *autonomy, mastery,* and *purpose,* (Pink 2014)).

Vertrauen und Mistrauen sind nützliche urmenschliche Verhaltensmuster und dienen der kognitiven Entlastung. Diese Verhaltensmuster wirken unterstützend in Risikosituationen und helfen uns handlungsfähig zu bleiben. Die kognitive Wahrnehmung des Menschen umfasst neben Sinneswahrnehmungen wie Sehen, Riechen, und Schmecken auch die Verarbeitung von Informationen. Im Alltag stößt die kognitive Beurteilung des Menschen an ihre Grenzen, insbesondere wenn eine komplexe Situation vorliegt und Ungewissheit entsteht. In der heutigen Arbeitswelt müssen viele Informationen zeitgleich verarbeitet werden. Oftmals findet eine sogenannte Überkommunikation statt.

> *„Überkommunikation führt schnell zu Überforderung, da das Filtern der wichtigen Informationen schwerfällt"* – Ulf Schubert (DATEV eG, Director UX & Touchpoint Design)

Damit wir in solchen Situationen handlungsfähig bleiben, kann diese Ungewissheit mit Vertrauen überwunden werden. Vertrauen ist mehrdimensional und lässt sich in kognitives und affektives Vertrauen unterscheiden (Webber 2008). Affektives Vertrauen basiert auf zwischenmenschlicher Fürsorge und emotionalen Bindungen. Kognitives Vertrauen beruht auf individuellen Überzeugungen über die Zuverlässigkeit und Verlässlichkeit anderer sowie über deren Kompetenz. Diese zwei Ebenen spielen bei der Zusammenarbeit im Arbeitsalltag eine wichtige Rolle. Wenn das Vertrauen der Menschen in einer Organisation verletzt oder sogar missbraucht wird, kommt es zu Problemen. Menschen sind aus Angst nicht mehr in der Lage, ihr vollständiges Potential zu entfalten, Teams sind in ihrer Zusammenarbeit gestört oder sind in ihrer Selbstorganisation durch Mechanismen wie z. B. das Mikromanagement eingeschränkt. Weiterhin kann das Vertrauen der Menschen innerhalb einer Organisation durch schlechte Kommunikation und mangelnde Transparenz gestört werden. Auf der einen Seite führen Kommunikationsprobleme zu Missverständnissen und Konflikten und beeinflussen die Entscheidungsfindung oftmals negativ. Auf der anderen Seite sorgt mangelnde Transparenz dafür, dass Informationen nicht weitergegeben werden oder dass Menschen sich nicht respektvoll behandelt fühlen.

## 5.1 Wie zeigt sich das Problem in der Praxis?

Auf der *Kulturebene Organisation* zeigt sich das Problem, dass den Menschen innerhalb einer Organisation kein Vertrauen entgegengebracht wird beispielsweise in Form von Kontrollstrukturen.

> *„Der Aufbau von Kontrollstrukturen innerhalb einer Organisation soll für eine objektive Überprüfung sorgen – führt allerdings oftmals zu regelmäßiger Überprüfung von Arbeit, z. B. werden Zeiten protokolliert, statt Ergebnisse zu bewerten"* – Dominique Winter (Die Produktwerker eG, Product Development Coach)

Eine weitere Ausprägung dieser Kontrollstrukturen stellen die aus dem traditionellen Projektmanagement bekannten *Quality Gates* dar. Bei einem Quality Gate wird anhand zuvor festgelegter Erfüllungskriterien über die Freigabe des nächsten Schrittes entschieden. Dies führt zu einem Konflikt mit den agilen Werten (*„responding to change over following a plan"* Beck et al. 2001) und verhindert den Fortschritt in einem komplexen Kontext. In einem komplexen Kontext können richtige Antworten auf Probleme nicht auf Anhieb gefunden werden, sondern werden erst im Nachhinein sichtbar.

Auf der *Kulturebene Team* wird das Problem beispielsweise sichtbar, wenn ein Team keine *End-to-End* Verantwortung für die Lieferung von (Teil-)Produkten oder Services hat. Die End-to-End Verantwortung ist wichtig, um über Qualität und Quantität entscheiden zu können. Wenn dieser Handlungsspielraum eingeschränkt wird, können beispielsweise Liefertermine nicht eingehalten werden, da es Abhängigkeiten zu anderen Teams oder Prozessen gibt. Die kontinuierliche Einbindung von Nutzer:innen in den Entwicklungsprozess ist ein wichtiger Erfolgsfaktor, um die Bedürfnisse zu verstehen und zu adressieren (Schön et al. 2020). Wenn dem Team nicht genug Vertrauen in seine Fähigkeiten entgegengebracht wird, wird oftmals ein direkter Kontakt zu Nutzer:innen und Kund:innen verhindert. Dadurch entsteht der *Stille-Post-Effekt,* und eine Verfälschung der Informationen kann entstehen. Das Team erhält nicht das nötige Feedback, um die richtigen Entscheidungen in der Produktentwicklung zu treffen und lernt nicht, was Wert aus Nutzersicht erzeugt und was nicht.

Auf der *Kulturebene Individuum* zeigt sich das Problem beispielsweise im Verhalten von Führungskräften. Wenn eine Führungskraft alle Arbeitsergebnisse der Mitarbeitenden überprüfen will, Mitarbeitenden fachliche Entscheidungen abnimmt oder über alle Handlungen informiert werden will, handelt es sich um das sogenannte Mikromanagement. Dies führt dazu, dass Mitarbeitende in ihrer Selbstorganisation eingeschränkt werden und ihre Motivation verlieren, da sie keine Selbstbestimmung bei ihrer Arbeit erfahren, sondern sich fremdgesteuert fühlen. Mitarbeitende könnten durch die ständige Kontrolle ihr Selbstvertrauen verlieren und somit ihren Mut, neue Dinge auszuprobieren und zu experimentieren. Weiterhin sorgt Mikromanagement bei der Führungskraft zu einem hohen Workload, was sich langfristig negativ auf die mentale Gesundheit auswirken kann. Eine weitere Facette des Problems zeigt sich, wenn eine Organisation variable Gehaltsanteile und Boni an die Erfüllung individueller Ziele knüpft. Diese sollen die Mitarbeitenden motivieren, mehr Leistung zu bringen. Oftmals führt es allerdings dazu, dass die Mitarbeitenden an der Erreichung der individuellen Ziele arbeiten und die Organisationsziele aus den Augen verlieren.

## 5.2    Tipps für die Praxis

In den letzten Jahren haben sich viele Arbeiten stärker ins Home-Office verlagert. Dies hat die Arbeitswelt, wie wir sie kannten, auf den Kopf gestellt. Arbeitnehmende können nun ihren Arbeitsort flexibel wählen und wollen diese Freiheit nicht wieder hergeben. Im Home-Office lässt sich die Arbeit der Menschen jedoch schwerer kontrollieren. Etablierte Kontrollstrukturen wie z. B. Zeiterfassung erfordern nun Vertrauen, da die Arbeit nicht mehr unter Aufsicht stattfindet.

Diese Veränderungen bieten Chancen vertraute Verhaltensmuster aufzubrechen und bestehende Kontrollstrukturen zu verändern.

Für eine Veränderung der Vertrauenskultur auf der *Kulturebene Organisation* empfiehlt sich der Einsatz kognitiver Vertrauensmechanismen. Dazu kann die Organisation die Unternehmenswerte um den Wert *Vertrauen* erweitern. Das Mindset der Menschen innerhalb der Organisation sollte sich dahingehend entwickeln, dass die Grundannahme *Ich vertraue, dass jemand in meinem Interesse bzw. im Interesse der Organisation handelt* auf allen organisationalen Ebenen erfüllt wird. Die Organisation kann dies folgendermaßen unterstützen:

▶ **Tipps für Vertrauen (Kulturebene Organisation)**

- Transparenz schaffen
- einen respektvollen Umgang und Diversität fördern
- Menschen in Entscheidungsprozesse involvieren
- Versprechen halten und somit Verbindlichkeit im Handeln unterstützen

Auf der *Kulturebene Team* erfordert eine agile Arbeitsweise oftmals einen Vertrauensvorschuss. Wenn sich ein Team nach Scrum organisiert, arbeitet es während eines Sprints selbstorganisiert. Führungskräfte oder die Organisation haben nur indirekten Einfluss auf die Aufgaben, die das Team während des Sprints bearbeitet.

*„Eine Führungskraft braucht Mut, um Vertrauen vorzustrecken. Dieser Vertrauensvorschuss darf dann aber nicht missbraucht werden."* – Dominique Winter (Die Produktwerker eG, Product Development Coach)

Die Menschen um das Team herum müssen mutig sein und das Zutrauen haben, dass das Team am Ende des Sprints das zu Beginn abgestimmte Ziel erreicht. Dies funktioniert nur, wenn dem Team für die Zusammenarbeit ein Vertrauensvorschuss gewährt wird. Folgende Maßnahmen können den Vertrauensaufbau auf der Kulturebene Team positiv beeinflussen:

▶ **Tipps für Vertrauen (Kulturebene Team)**

- Vertrauensvorschuss einräumen/einfordern
- Selbstorganisation und Autonomie zulassen
- Entgegengebrachte Vertrauen nicht missbrauchen
- Teams aus Menschen mit ähnlichen Werten zusammenstellen

Auf der *Kulturebene Individuum* müssen die Menschen untereinander Vertrauen aufbauen. Ein Mensch erweist sich als vertrauenswürdig, wenn Integrität, Kompetenz, Wohlwollen und Aufrichtigkeit im Handeln erkannt werden. Für den Vertrauensaufbau können affektive Vertrauensmechanismen genutzt werden:

► **Tipps für Vertrauen (Kulturebene Individuum)**

- Sympathie aufbauen
- Ähnlichkeiten betonen
- Übereinstimmung mit bisherigen Erfahrungen ermöglichen
- Kompatibilität im Hinblick auf Ziele und Werte schaffen

Ein vertrauensvoller und wertschätzender Umgang miteinander unterstützt eine offene und transparente Führungs- und Entscheidungskultur.

# Führungs- und Entscheidungskultur 6

In diesem Kapitel thematisieren wir Probleme, die entstehen, wenn Entscheidungen nicht gemeinschaftlich, sondern von einzelnen Menschen innerhalb der Organisation getroffen werden. Die Verbreitung von agilen Arbeitsweisen hat in den vergangenen Jahren zu einer Veränderung der Führungs- und Entscheidungskultur in Organisationen geführt. Lange Zeit galt der Grundsatz, dass Entscheidungen maßgeblich von einzelnen Personen oder Organisationseinheiten insbesondere auf Management-Ebenen getroffen werden. Durch die Dynamisierung von Märkten und Technologien hat in den vergangenen Jahren jedoch ein Umdenken eingesetzt. Zwischen verschiedenen Entscheidungsfindungen sollte differenziert werden, um durch das vorhandene Expertenwissen die Entscheidungsqualität zu erhöhen. Dabei werden idealerweise Entscheidungen sowohl von Einzelnen als auch von Gruppen (wie agilen Teams) getroffen. Für den erfolgreichen Einsatz agiler Arbeitsweisen ist diese Veränderung von hoher Bedeutung, da agile Teams in einem gesetzten Rahmen autonom entscheiden, wie sie bestimmte Anforderungen umsetzen. Der gesetzte Rahmen kann dabei die Umsetzung bestimmter Feature zu einem Produkt oder Auswahl der Arbeitsweise und eingesetzten Tools sein.

Abb. 6.1 zeigt, dass die Menschen nicht immer damit einverstanden sind, wenn Entscheidungen von einer einzelnen Person getroffen werden. In einigen Situation ist dies notwendig, dennoch ist eine Einbindung in die Entscheidungsfindung wichtig, um die Akzeptanz der Entscheidungen zu erhöhen.

In der Praxis beobachten wir spezifische Führungs- und Entscheidungskulturen, die sich negativ auf agile Arbeitsweisen auswirken können. Problematisch ist dabei insbesondere das Überstimmen *(Overrulen)* von Team-Entscheidungen durch einzelne Personen aufgrund von Hierarchien in der Organisation. Dieses

E.-M. Schön et al., *Der Umgang mit Agilität in der Unternehmenskultur*, essentials, https://doi.org/10.1007/978-3-662-67891-6_6

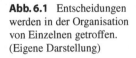

**Abb. 6.1** Entscheidungen werden in der Organisation von Einzelnen getroffen. (Eigene Darstellung)

Überstimmen führt häufig zu Unsicherheit und Frustration bei Mitarbeitenden und zu einer hierarchischen Entscheidungseskalation von unten nach oben.

> *„Overrulen, also wenn die eigene Entscheidungsmacht ausgehebelt wird, ist ein kritischer Fall."* – Dominique Winter (Die Produktwerker eG, Product Development Coach)

Je stärker die Führungs- und Entscheidungskultur einzelne Personen in Organisationen fokussiert, umso ausgeprägter ist das Risiko, dass sich Wissenssilos bilden und Hierarchien etablieren. Dies wiederum erschwert eine Zusammenarbeit auf Augenhöhe, bei der z. B. agile Teams den Rahmen, in dem sie autonom Entscheidungen treffen dürfen, mitgestalten können. Die Entscheidung einer Person hängt dann vom Wissensstand der einzelnen Person ab. Dies birgt Risiken, da niemand garantieren kann, dass diese Person auch das notwendige Wissen hat. Stattdessen sollte die Entscheidung dem Team übergeben werden, da dieses oftmals mehr Wissen und Erfahrung als eine einzelne Person hat. Ein typisches Beispiel hierfür sind Technologieentscheidungen im Software-Entwicklungsumfeld. Üblicherweise obliegt die Entscheidung, welche Technologien eingesetzt werden, einzelnen Personen oder Einheiten in Organisationen. Wenn die Situation entsteht, dass ein agiles Software-Entwicklungsteam eine neue Technologie evaluieren und einsetzen möchte, ist die zu Grunde liegende Führungskultur in der Organisation maßgeblich dafür entscheidend, ob dieser Wunsch respektiert und diskutiert wird. Agile Arbeitsweisen fokussieren hier die Kollaboration mit Stakeholdern auch über die Team-Grenzen hinweg. Eine ausgeprägte Hierarchiestruktur steht dem entgegen und verhindert somit eventuell vorhandenes Innovationspotential bei den Mitarbeitenden.

Wenn über Führung gesprochen wird, unterschieden wir zwei Arten von Führung. Zum einen die *disziplinarische Führung*, bei der eine Führungskraft für die Beaufsichtigung und Leitung der Arbeit einer anderen Person verantwortlich ist. Zum anderen die *laterale Führung*, bei der sich die Personen auf der gleichen Hierarchieebene innerhalb einer Organisation befinden und fachlich zusammenarbeiten. In agilen Arbeitsweisen ist die laterale Führung von besonderer Bedeutung. Diverse agile Methoden wie Scrum sehen coachende Rollen vor, die das Team in ihrer Arbeit unterstützen sollen. In Scrum ist dies z. B. die Rolle des Scrum Masters, der als *Servant Leader* fungiert und sicherstellt, dass die grundlegenden Regeln der Methode eingehalten werden. Interessanterweise ist hierfür keine disziplinarische Führungskompetenz vorgesehen und auch in der Praxis nur selten zu beobachten. Vielmehr wird hier das Konzept des *Servant Leadership* (Führen durch Dienen) genutzt. Die Rolle des Scrum Masters erhält seine Führungskompetenz also nicht durch Macht oder Hierarchie, sondern indem er dem Team unterstützend zur Seite steht. Hierbei nimmt ein Scrum Master eine schützende Rolle ein, indem er oder sie das Team vor äußeren Einflüssen bewahrt, die den Regeln von Scrum widersprechen. Wenn z. B. einzelne Team-Mitglieder von Führungskräften der Organisation in andere Tätigkeiten abgezogen werden sollen, ist es Aufgabe des Scrum Masters zu intervenieren und dies zu unterbinden.

## 6.1 Wie zeigt sich das Problem in der Praxis?

Auf der *Kulturebene Organisation* zeigen sich diverse Probleme in der Praxis. Je nach Organisationsform und Hierarchiegrad werden Entscheidungen von Einzelnen nicht ausschließlich auf der Top-Management-Ebene getroffen. Vielmehr beobachten wir häufiger, dass in Organisationen mit ausgeprägtem mittlerem Management, Entscheidungen von Einzelnen getroffen werden und dadurch ein hohes Risiko des Überstimmens von Team-Entscheidungen entsteht.

*„Wenn Leitungsebenen zunehmend in die Entscheidungsprozesse meines Teams eingreifen würden, wäre das problematisch. Es würde alles kaputt machen."* – Henning Fritzemeier (Volkswagen AG, Agile Coach)

Eine solche Organisationskultur ist keine demokratische Kultur, in der gemeinschaftlich entschieden wird. Dieses erschwert die Einführung und Nutzung agiler Arbeitsweisen. Wenn Team-Entscheidungen regelmäßig von Einzelnen überstimmt werden und somit keine Gültigkeit aufweisen, ist dies, wie oben dargelegt, äußerst problematisch. Die daraus entstehende Unsicherheit und Frustration können immensen Schaden anrichten, da sie sich negativ auf das Selbstbewusstsein agiler Teams auswirkt und agilen Werten widerspricht.

Auf der *Kulturebene Team* wird dieses Problem sichtbar, wenn nicht die notwendigen Fähigkeiten zur Entscheidungsfindung vorhanden sind. Gemeinsam als Gruppe Entscheidungen zu treffen und einen Konsens zu finden, ist komplex und insbesondere für Teams mit wenig Erfahrung in agilen Arbeitsweisen herausfordernd. Um die notwendigen Methoden in den Teams zu etablieren, ist die Unterstützung von erfahrenen Expertinnen und Experten sinnvoll, was wiederum zu neuen Herausforderungen führen kann. Insbesondere ist hierbei das neu aufzubauende Wissen zu agilen Arbeitsweisen zu beachten. Dieser Wissensaufbau sollte nachhaltig vonstattengehen und nicht auf einzelne Organisationseinheiten begrenzt sein. Ebenso bedürfen Weiterbildung und coachende Begleitung von Führungskräften viel praktischer Erfahrung und ausgeprägtes theoretisches Wissen. Bei agilen Transformationen sehen wir hier häufig eine fehlende Strategie, die über die unterschiedlichen Organisationsbereiche hinwegreicht.

*„Entscheidungen alleine zu treffen ist eigentlich am leichtesten. Nur weil am Ende alle mitentscheiden, muss die Entscheidung nicht besser sein."* – Henning Fritzemeier (Volkswagen AG, Agile Coach)

Die Qualität einer Entscheidung muss nicht zwingend besser sein, nur weil mehrere Personen an dieser Entscheidung beteiligt sind. Der Entscheidungsfindungsprozess nimmt mehr Zeit in Anspruch und benötigt mehr Fähigkeiten und Befähigungen bei den Mitarbeitenden. Der Grundgedanke dabei ist entsprechend, dass wenn sämtliche Expert:innen für die Entscheidungsfindung involviert sind, diese hochwertiger sein sollte. Hierbei gilt letztendlich auch, dass Gruppenentscheidungen stets konsensorientiert gefällt werden sollten, um akzeptiert zu werden.

Auf der *Kulturebene Individuum* zeigt sich dieses Problem z. B. in sogenannten Sandwich-Positionen, wie dem mittleren Management. Wenn eine Person die Entscheidungen aus oberen Hierarchieebenen umsetzen muss, erschwert dies einen demokratischen Entscheidungsfindungsprozess auf den unteren Hierarchieebenen. Dies gilt auch, wenn genau dies durch eine agile Transformation forciert werden soll. Ein weiteres Beispiel hierfür ist das „Dienen mehrerer Herren", was für einzelne Mitarbeitende äußerst frustrierend sein kann. Wenn die Führungsstruktur nicht klar geregelt ist, kann eine Situation entstehen, wo konträre Entscheidungen von unterschiedlichen Führungskräften getroffen und kommuniziert werden. Ein gutes Beispiel hierfür sind klassische Projektorganisationsformen, in denen Mitarbeitende sowohl in der Linientätigkeit als auch im Projektgeschäft tätig sind. Daraus ergibt sich häufig die Situation, dass Mitarbeitende sowohl der Projektleitung als auch einer Führungskraft ihrer Linienabteilung zuarbeiten. Wie im vorangegangenen Kapitel Vertrauen beschrieben, können solche Situationen zu großen Herausforderungen und Problemen für zentrale Elemente agiler Arbeitsweisen, wie der Selbstorganisation der Teams, führen. Für einzelne Personen in den Teams, aber auch auf diesen Sandwich-Positionen kann dies zu negativen Effekten wie Unsicherheit, Missgunst und Neid aber auch Demotivation und Unzufriedenheit und somit zu Vertrauensverlust führen. Für die erfolgreiche Anwendung agiler Arbeitsweisen sind spezifische Werte wie Mut und Offenheit von hoher Bedeutung. Warum sollten sich die Mitarbeitenden in Organisationen mit einer agilen Transformation beschäftigen und diese motiviert angehen, wenn sich kein nachhaltiger positiver Effekt aufzeigt? Wie oben bereits erwähnt, sehen wir zudem das Problem, dass wertvolle Perspektiven und vorhandene Innovationspotenziale nicht genutzt werden. Dies gilt insbesondere dann, wenn es um den Mehrwert für die Entwicklung von zielgruppengerechten Produkten und Dienstleistungen geht.

## 6.2 Tipps für die Praxis

Auf der *Kulturebene Organisation* ist es ratsam an die agile Arbeitsweise angepasste Governance-Strukturen einzuführen oder bereits vorhandene zu adaptieren, um die Struktur der Unternehmensführung anzupassen. Auch mit geeigneten Governance-Strukturen können Situationen entstehen, in denen Entscheidungen ohne den Einbezug von Expert:innen in möglichst demokratischer Form getroffen werden (müssen). In solchen Situationen sollte eingegriffen werden, um das Potenzial des Expertenwissens nutzen zu können. Dieses Potenzial zielt in erster Linie auf die Qualität der Entscheidung ab und soll diese erhöhen.

*„Die Entscheidung ist dann am besten, wenn die Experten involviert werden. Wenn man eingreifen kann, wenn diese Experten nicht involviert werden sollen, ist es ideal. "*
– Henning Fritzemeier (Volkswagen AG, Agile Coach)

Sollten dennoch Entscheidungen getroffen werden, auf die das jeweilige Team keinen Einfluss hat, ist es wichtig, den Grad der Selbstorganisation im Team zu fokussieren. Besprecht z. B. offen mit dem Team wie mit der Entscheidung umgegangen werden kann und thematisiert, welche eigenen Entscheidungsfreiheiten Euch im Rahmen dieser Entscheidung bleiben.

▶   **Tipps für die Führungs- und Entscheidungskultur (Kulturebene Organisation)**

- Governance-Strukturen einführen, die die Kernaspekte agiler Arbeitsweisen fördern
- Eingreifen, wenn Entscheidungen ohne Expert:innen getroffen werden
- Selbstorganisation fördern, auch wenn Entscheidungen durch andere getroffen werden

Auf der *Kulturebene Team* empfehlen wir auf die Effektivität und Effizienz der Entscheidungsfindung zu achten. Gemeinsam in einem Team Entscheidungsoptionen zu diskutieren und dabei immer konsensfähig zu bleiben, erfordert ein hohes Maß an Konzentration und ist somit für viele Mitarbeitende anstrengend. Wir beobachten häufig, das mit zunehmender Dauer von solchen Terminen die Entscheidungsfindung beeinflusst wird, was durch einen Ermüdungseffekt der Team-Mitglieder begründet werden kann. Resultate können sowohl eine längere Dauer des Entscheidungsfindungsprozesses durch intensivere Diskussionen als auch schnellere und qualitativ schlechtere Entscheidungsfindungen sein. Thematisiert in diesen Situationen offen Eure Beobachtung und hinterfragt, ob eine Fortsetzung des Termins aktuell sinnvoll ist oder ob er verschoben werden sollte.

*„Es kann überstimmt werden, gerade wenn es eine Patt-Situation [im Team] gibt. Das kommt aber in der Regel nicht vor, weil sich das Team nach Werten, Richtlinien und Guidelines orientiert. "* – Johanna Hinz (Otto Group, Division Manager Tech Strategy)

Wenn Entscheidungen gemeinsam getroffen werden, kann es zu Patt-Situationen kommen. Diese Situation aufzulösen ist wichtig und bedarf im Zweifelsfall einer Überstimmung durch Führungskräfte oder andere Rollen (wie den oben bereits erwähnten Scrum Master). Agile Teams mit langjähriger Erfahrung kommen seltener in solche Patt-Situationen, da sie es gewohnt sind, werte-orientiert zu handeln und den Konsens zu priorisieren. Insbesondere für Teams mit wenig Erfahrung in agilen Arbeitsweisen ist es wichtig, dass klar kommuniziert wird, welches Rahmenwerk für das Überstimmen gilt und wann genau dies angewandt wird. Zu guter Letzt möchten wir noch Bonussysteme thematisieren. Wir raten davon ab, individuelle und/oder monetäre Ziele zu fokussieren. Nutzt stattdessen lieber team-weit geltende Bonussysteme, die im Idealfall auf die Produktivität, Qualität und Leistung des Teams abzielen. Dies können im Software-Entwicklungsumfeld Verfügbarkeiten von Software-Produkten, die Anzahl von kritischen Fehlern, aber auch die Zuverlässigkeit der eigenen Planungsprognosen für die Iteration sein. Wir empfehlen folgende Maßnahmen:

▶ **Tipps für die Führungs- und Entscheidungskultur (Kulturebene Team)**

- Bonussysteme die team-weit gelten nutzen und individuelle oder monetäre Ziele vermeiden
- Entscheidungsfindungen nicht an Randzeiten (direkt morgens oder am Nachmittag) terminieren und regelmäßige Pausen einplanen
- Rahmenwerk für das Überstimmen durch Führungskräfte oder andere Rollen klar festlegen und kommunizieren

Auf der *Kulturebene Individuum* empfehlen wir insbesondere zu berücksichtigen, dass das Vertrauen zwischen Führungskraft und Mitarbeitende von großer Bedeutung ist (s. Kap. 5).

*„Entscheidungen brauchen Mut. Der entscheidende Schritt ist nicht die Entscheidung zu treffen. Viel wichtiger ist, wie gehe ich damit um, wenn die Entscheidung die falsche war."* – Johanna Hinz (Otto Group, Division Manager Tech Strategy)

Nur wenn dieses Vertrauen gegeben ist, werden sich Mitarbeitende trauen, Entscheidungen zu treffen, aber auch ehrlich Kritik oder Verbesserungspotenziale zu kommunizieren. Dies ist für agile Arbeitsweisen von hoher Bedeutung. Offen Kritik zu äußern und Optimierungsmaßnahmen vorzuschlagen, ist für die stetige Selbstoptimierung (Kaizen) unabdingbar. An dieser Stelle stellen wir fest, dass es starke Verbindungen zu anderen Problemstellungen (z. B. Vertrauen (s. Kap. 5), Experimente (s. Kap. 4), aber auch Fehler- und Lernkultur (s. Kap. 6)) in diesem *essential* gibt.

▶  **Tipps für die Führungs- und Entscheidungskultur (Kulturebene Individuum)**

- Feedback geben und Kritik äußern will gelernt sein und geübt werden
- zielorientierte Entscheidungsfindungen sollten fokussiert werden
- Entscheidungen zu treffen erfordert Mut und Vertrauen zwischen Führungskräften und Mitarbeitenden sowie den Mitarbeitenden untereinander

# Zusammenfassung und Empfehlungen für die Praxis

Dieses *essential* beschreibt, welche Probleme beim Zusammenspiel agiler Arbeitsweisen und Kultur entstehen. Zunächst wurden hierzu die theoretischen Grundlagen zu Agilität und Kultur zusammengefasst. Wir haben die Begriffe *Agilität, Agile Werte* und *Agile Organisation* definiert, um ein gemeinsames Verständnis für die Konzepte zu schaffen. Daraufhin wurde das Konzept der Kultur anhand gängiger Modelle erläutert. Darauf aufbauend konnte der Zusammenhang zwischen *technischer Agilität (doing agile)* und *kultureller Agilität (being agile)* diskutiert werden.

Anschließend wurden die vier gängigsten Probleme mit agiler Kultur beschrieben. Diese beziehen sich auf die Fehler- & Lernkultur, die Angst vor Experimenten, das fehlende Vertrauen gegenüber den Menschen der Organisation und der Führungs- & Entscheidungskultur. Wir haben die Probleme anhand praxisnaher Beispiele diskutiert und ihre Ausprägungen für die Ebenen Organisation, Team und Individuum erläutert. Darüber hinaus geben wir für jedes Problem Tipps für die Praxis, die dabei unterstützen die Probleme zu erkennen und zu mildern.

▶ **Folgende Empfehlungen lassen sich für die Praxis zusammenfassen**

- *Fehler- & Lernkultur:* Beim Wechsel zu einer offenen Fehler- & Lernkultur ist es wichtig, dass die Menschen verstehen, dass Scheitern als Chance zum Lernen verstanden wird. Dazu sollte der Wert des Scheiterns vermittelt werden, Kanäle für Feedback ermöglicht werden, und Zeit für die persönliche Aus- und Weiterbildung eingeräumt werden.

E.-M. Schön et al., *Der Umgang mit Agilität in der Unternehmenskultur*, essentials, https://doi.org/10.1007/978-3-662-67891-6_7

- *Experimente:* Für eine kontinuierliche Verbesserung in einem komplexen Umfeld ist es wichtig, zu experimentieren. Dafür sollte innerhalb der Organisation vermittelt werden, dass Experimente auch fehlschlagen können und dürfen. Außerdem können größere Veränderungsprozesse durch externe Beratung begleitet werden.

- *Vertrauen:* Vertrauen schafft ein positives und kooperatives Arbeitsumfeld, in dem Menschen mutig sein können und Risiken eingehen. Für die Stärkung des Vertrauens innerhalb einer Organisation sollte Transparenz geschaffen werden, ein respektvoller Umgang mit Diversität gefördert werden und Menschen in Entscheidungsprozesse involviert werden.

- *Führungs- & Entscheidungskultur:* Die Arbeit auf Augenhöhe ermöglicht einen respektvollen und wertschätzenden Umgang in der täglichen Zusammenarbeit. Für die Entwicklung einer offenen Führungs- & Entscheidungskultur müssen Governance-Strukturen eingeführt werden, die eine agile Arbeitsweise fördern, sowie Selbstorganisation ermöglicht werden, auch wenn Entscheidungen von anderen getroffen werden.

Die Umsetzung dieser Empfehlungen für die Praxis erfordern Veränderungen, die sowohl die Menschen als auch die Organisation betreffen. Veränderungsprozesse benötigen Zeit und sind oftmals von unterschiedlichen Widerständen begleitet. Diese Widerstände müssen beseitigt werden, um langfristig ein agiles Mindset zu etablieren und agile Arbeitsweisen innerhalb einer Organisation zu ermöglichen.

# Was Sie aus diesem *essential* mitnehmen können

- Beim Zusammenspiel agiler Arbeitsweisen und Kultur entsteht ein Spannungsfeld, was sich auf den Ebenen Organisation, Team und Individuum unterschiedlich bemerkbar macht.
- Im Rahmen einer agilen Transformation muss sowohl die *technische Agilität (doing agile)* als auch die *kulturelle Agilität (being agile)* berücksichtigt werden.
- Kulturelle Agilität bildet das Fundament von Agilität, jedoch entstehen hier auch die meisten Probleme.
- Respekt und Vertrauen spielen wichtige Rollen, um eine Fehler- & Lernkultur zu entwickeln, Angst vor Experimenten zu nehmen, und eine offene Führungs- & Entscheidungskultur zu etablieren.
- Trotz vieler kleiner praktischer Tipps und Empfehlungen ist kulturelle Veränderung ein langwieriger und langfristiger Prozess.

E.-M. Schön et al., *Der Umgang mit Agilität in der Unternehmenskultur*, essentials, https://doi.org/10.1007/978-3-662-67891-6

# Literatur

Abrahamsson, P., Salo, O., Ronkainen, J., Warsta, J. (2002), Agile Software Development Methods: Review and Analysis

Beck, K. (2000), Extreme programming explained. Embrace change, Addison-Wesley

Beck, K., Beedle, M., van Bennekum, A., Cockburn, A., Cunningham, W., Fowler, M., Greening, J., Highsmith, J., Hunt, A., Jeffries, R., Kern, J., Marick, B., Martin, R., Mellor, S., Schwaber, K., Sutherland, J., Thomas, D. (2001) Agile manifesto, [online] agilemanifesto.org

Broy, M., Kuhrmann, M. (2013), Projektorganisation und Management im Software Engineering, Springer

Deming, W. Edwards (1982). Out of the Crisis, Center for Advanced Engineering Study, Massachusetts Institute of Technology, Cambridge, Massachusetts

Diebold, P. (2022) Transformation zur individuellen Agilität – die Agile Potenzialanalyse, Springer Gabler, https://doi.org/10.1007/978-3-658-39412-7

Diebold, P., Dahlem, M. (2014) Agile Practices in Practice: A Systematic Mapping Study, Proceedings of the 18th International Conference on Evaluation and Assessment in Software Engineering, Association for Computing Machinery

Diebold, P., Küpper, S., Zehler, T. (2015) Nachhaltige Agile Transition: Symbiose von technischer und kultureller Agilität, Konferenzband Projektmanagement und Vorgehensmodelle, Gesellschaft für Informatik

Dweck, C. S. (2017) Mindset: Changing The Way You think To Fulfill Your Potential (Updated ed.). Robinson, London.

Goller, I., Laufer, T. (2018) Psychologische Sicherheit in Unternehmen, Springer Gabler, https://doi.org/10.1007/978-3-658-21338-1

Harunavamwe, M., Kanengoni, H. (2013) The Impact of Monetary and Non-Monetary Rewards on Motivation among Lower Level Employees in Selected Retail Shops, African Journal of Business Management, vol. 7 (38), pp. 3929–3935, https://doi.org/10.5897/AJBM2012.1381

Hofstede, G., Hofstede, G. J., Minkov, M. (2010) Cultures and organizations. Software of the mind; intercultural cooperation and ist importance for survival, McGraw-Hill

Hofstede, G. (2001) Culture's consequences. Comparing values, behaviors, institutions and organizations across nations, Sage publications

Iivari, J., Iivari N. (2011) The relationship between organizational culture and the deployment of agile methods, Information and Software Technology, vol. 53, no. 5, pp. 509–520, https://doi.org/10.1016/j.infsof.2010.10.008

Karahanna, E., Evaristo, J.R., Srite, M. (2006) Levels of culture and individual behavior: An integrative perspective, Advanced topics in global information management, pp. 30–50

Kjellstrand, I., Vince, R. (2017) No Room for Mistakes: The Impact of the Social Unconscious on Organizational Learning in Kazakhstan, Administrative Sciences 7, no. 3: 27. https://doi.org/10.3390/admsci7030027

Kuchel, T., Neumann, M., Diebold, P., Schön, E. M. (2023), Which challenges do exist with agile culture in practice?, Proceedings of the 38th ACM/SIGAPP Symposium on Applied Computing, ACM, https://doi.org/10.1145/3555776.3578726

Larman, C., Basili, V. R. (2003), Iterative and incremental developments. A brief history, Computer

Maslow, A. H. (1943) A Theory of Human Motivation, Psychological Review, 50, pp. 370–396

Neumann, M. (2021) Towards a Taxonomy of Agile Methods: The Tree of Agile Elements, Proceedings of the 9th International Conference on Software Engineering Research and Innovation (CONISOFT), https://doi.org/10.1109/CONISOFT52520.2021.00022

Neumann, M. (2022) The Integrated List of Agile Practices – A Tertiary Study, Proceedings of the 6th International Conference on Lean and Agile Software Development (LASD), https://doi.org/10.1007/978-3-030-94238-0_2

Oetting, E.R. (1993) Orthogonal Cultural Identification: Theoretical Links between Cultural Identification and Substance Use, National Institute on Drug Abuse, Rockville, MD

Olie, R. (1995) The ‚culture‘ factor in personnel and organization policies, International human resorce management: an integrated approach

Pink D. H. (2009) Drive: The Surprising Truth about What Motivates Us. New York, NY, USA Riverhead

Prack, R. P. (2010) Das automatische Verhalten des Menschen und seine Auslöser. In: Beeinflussung im Verkaufsgespräch. Gabler. https://doi.org/10.1007/978-3-8349-6326-0_1

Quinn, R. E., Rohrbaugh, J., (1983), A spatial model of effectiveness criteria: Towards a competing values approach to organizational analysis, Management Science, vol. 29, no. 3

Richter, T. (2014) Kulturorientierte Forschung in der Wirtschaftsinformatik. Entwicklung eines Werkzeugs zur Abgrenzung kultureller Forschungskonzepte und zur Ermittlung kontextuell passender Kulturbeschreibungsmodelle

Schein, E. H. (2009) The Corporate Culture Survival Guide, John Wiley & Sons Inc.

Schön, E. M., Escalona Cuaresma, M. J., Thomaschewski, J. (2015), Agile values and their implementation in practice, International Journal of Interactive Multimedia and Artifical Intelligence

Schön, E. M., Escalona Cuaresma, M. J., Thomaschewski J. (2020) Lean User Research for Agile Organizations, IEEE Access, vol. 8, pp. 129763–129773, https://doi.org/10.1109/ACCESS.2020.3009101

Schwaber, K., Sutherland, J. (2020), The Scrum Guide, [online] https://www.scrumguides.org/scrum-guide.html

Siakas, K.v., Siakas, E. (2007) The agile professional culture: A source of agile quality, Software Process: Improvement and Practice, vol. 12, no. 6, pp. 597–610, https://doi.org/10.1002/spip.344

Sidky, A., Arthur, J., Bohner, S. (2007) A disciplined approach to adopting agile practices: the agile adoption framework, Innovation in Systems and Software Engineering, vol. 3, no. 3, pp. 203–216, https://doi.org/10.1007/s11334-007-0026-z

Uni Leipzig: Experimente, in: Methodenportal der Uni Leipzig, 2020, [online] https://home.uni-leipzig.de/methodenportal/experimente/

VersionOne and Collabnet (2023) „17th Annual State of Agile Survey", [online] stateofagile.com

Webber, S. S. (2008) Development of cognitive and affective trust in teams, Small Group Research, v. 39, pp. 746–769

Printed in the United States
by Baker & Taylor Publisher Services